快·学习
快速跟进 学习参考

居安思危

杨玉成 王千阁 编

中共党史出版社

图书在版编目（CIP）数据

居安思危 / 杨玉成，王千阁编 . -- 北京：中共党史出版社，2024.5
（快 · 学习）
ISBN 978-7-5098-6008-3

Ⅰ . ①居… Ⅱ . ①杨… ②王… Ⅲ . ①中国共产党－思想政治教育－文集 Ⅳ . ① D261.1-53

中国版本图书馆 CIP 数据核字（2022）第 036655 号

启事：本书选用部分作品尚未与有关作者、编者取得联系，我们深感不安。恳请有关权利人联系我社，我们将按相关规定支付稿酬。
（联系人：陈海平　电话：010—82517160）

书　　名：居安思危
作　　者：杨玉成　王千阁

出版发行：中共党史出版社
责任编辑：王媛
责任校对：申宁
责任印制：段文超
社　　址：北京市海淀区芙蓉里南街 6 号院 1 号楼　**邮编：**100080
网　　址：www.dscbs.com
经　　销：新华书店
印　　刷：北京君升印刷有限公司
开　　本：680mm × 960mm　1/16
字　　数：160 千字
印　　张：12.75
版　　次：2024 年 5 月第 1 版
印　　次：2024 年 5 月第 1 次印刷
书　　号：ISBN　978-7-5098-6008-3
定　　价：38.00 元

此书如有印装质量问题，请联系中共党史出版社读者服务部 电话：010-83072535

编者前言

居安思危是中国传统忧患意识的重要组成部分，也是马克思主义政党尤其是中国共产党革命和执政意识的重要组成部分。毛泽东、周恩来、刘少奇、朱德、邓小平、陈云等老一辈革命家在领导中国革命和建设过程中饱含忧患意识，时刻防备出现“最坏的情况”。毛泽东在党的七大前后认真考虑到各种“最坏”情形，宁可把形势想得更复杂一点，把挑战看得更严峻一些，把困难估计得更充分一些，力争对可能出现的最坏情形做好充分的预判和准备。他在这一时期反复提及要“准备最坏局面”，并以此作为想问题、办事情、定政策的根本出发点。1945 年 5 月 31 日，毛泽东在党的七大上作结论时讲到“准备吃亏”问题，专门讲可能要面对的困难。他连续讲了 17 条困难，一再提醒大家要充分估计困难，明确指出：“我们要把估计放在最困难的基础上，可能性有两种，我们要在最坏的可能性上建立我们的政策”，“要有充分的信心估计到黑暗，把各方面都充分估计到”，“许多事情是意料不到的，但是一定要想到，尤其是我们的高级负责干部要有这种精神准备，准备对付非常的困难，对付非常的不利情况”。1955 年 3 月 31 日，毛泽东在中国共产党全国代表会议上的讲话中谈到应对突然事变时强调：“从最坏的可能性着想，总不吃亏。不论任何工作，我们都要从最坏的可能性来想，来部署。”1962 年 5 月，刘少奇在中央工作会议上的讲话中指出：“我们应当充分估计当前的困难以及现在还设想不到的困难。要准备迎接困难，克服困难。否则，对克服困难我们就会精神准备不够，这是危险的。”

改革开放以来，邓小平、江泽民、胡锦涛等党和国家领导人在领导中国改革开放过程中常怀忧患意识，在居安思危中不断化解各种矛盾和风险，扎实推进中国特色社会主义各项事业。1988年6月3日，邓小平在一次谈话中指出：“我们要把工作的基点放在出现较大的风险上，准备好对策。这样，即使出现了大的风险，天也不会塌下来。”江泽民指出：“领导干部特别是高级干部一定要居安思危，忧党忧国忧民，千万不能高枕无忧、歌舞升平。”胡锦涛强调：“我们必须有足够估计，做好最充分的准备。……宁可把风险和困难估计得足一些，也千万不要因为估计不足而在风险一旦发生时手足无措，陷于被动。”

党的十八大以来，习近平一再强调，必须增强忧患意识，做到居安思危。他继承和发展了毛泽东等人的“从最坏的可能性着想”“把困难估计充分”的思维方式，对领导干部明确提出“坚持底线思维”的要求。底线思维就是“客观地设定最低目标，立足最低点，争取最大期望值”的思维方法。习近平多次强调领导干部要善于运用“底线思维”的方法，凡事从坏处准备，努力争取最好的结果，这样才能有备无患、遇事不慌，牢牢把握主动权。这就是说，对于任何事情，如果我们能够按照出现最坏情况来做准备，这样的准备就是最周详、最充分的准备，有这样的充分准备作为“底气”，再努力往好的方向争取，往往能得到好的结果。

2016年1月18日，习近平在省部级主要领导干部专题研讨班上的讲话中引述了毛泽东在党的七大上所列举的17条困难，把毛泽东的观点看作是“守住底线”的重要思想方法。2018年1月5日，习近平在新进中央委员会的委员、候补委员和省部级主要领导干部专题研讨班上的讲话中再次提到毛泽东所列的17条困难，并就增强忧患意识、防范风险挑战作出专门论述，从8个方面列举了16个需要高度重视的风险。他强调指出，各种风险我们都要防控，但重点要防控那些可能迟滞或中断中华民族伟大复兴的全局性风险。2019年1月21日，党中央专门就“坚持底线思维着力防范化解重大风险”这个主题，举办了省部级主要领导干部坚持底线思维着力防范化解重大风险专题研讨班，习近平在开班式上的讲话中就防范化解政治、意识形态、经济、科技、社会、外部环境、党的建设等领域重大风险作出深刻分析，提出了明确要求。2021年11月，习近平在党的十九届六中全会上号召“全党必须铭记生于忧患、死于安乐，常怀远虑、居安思危”。党的二十大报告强调“我们必须增强忧患意识，坚持底线思维，做到居安思危、未雨绸缪，准备经受风高浪急甚至惊涛骇浪的重大考验”。

为了帮助广大党员干部深刻理解中国共产党人对传统忧患意识的继承和发展，深入学习领会习近平反复强调的“底线思维”，我们编成《居安思危》一书，从传统源流、一脉相承、当代思考和制度探索等视角展示了中华传统忧患意识源流，描绘了共产党人尤其是中国共产党人忧患意识的产生和演变过程，展现了当代学者和实际工作者的理论思考和制度探索，希望对广大党员干部树立居安思危理念、增强忧患意识有所助益。

杨玉成

2023年5月

目录

目录

一、传统源流

中国古人居安思危名言集萃

《书》曰:“居安思危。”思则有备，有备无患。——《左传·襄公十一年》

释义:《尚书》上说:“处在安定的位置，要考虑到可能出现的危险。”考虑了才会有防备，有防备才不会有祸害。

君子安而不忘危，存而不忘亡，治而不忘乱，是以身安而国家可保也。——《周易·系辞下》

释义：君子处在安定的时候不忘记可能出现的危险，国家保全的时候不忘记可能灭亡，国家大治的时候不忘记可能出现的祸乱，这样自然身家性命安全，国家也可以保全无虞了。

为之于未有，治之于未乱。——《老子》第六十四章

释义：在事情还未出现的时候提前谋划，在国家还未出现混乱的时候提前治理。

强必治，不强必乱；强必宁，不强必危，故不敢懈怠。——《墨子·非命下》

释义：努力必能治理，不努力就会混乱；努力就能安宁，不努力就会危险。因此，不敢放松懈怠。

生于忧患，死于安乐。——《孟子·告子·下》

释义：忧患、困苦的环境能使人常存进取之心，安逸、享乐的生活却容易使人沉沦不振。

原始察终，见盛观衰。——《史记·太史公自序》

释义：探究事物的开始就可以审察事物的终结，看到兴盛的景象就能预见衰落的情形。

远虑者安，无虑者危。——《诸葛亮集·便宜十六策·阴察》

释义：善于作长远考虑的人安全，不善于作长远考虑的人危险。

明者防祸于未萌，智者图患于将来。——《三国志·吴书·吕蒙传》

释义：明智的人在灾祸没有现出苗头的时候就给以防范，聪明的人对于将要发生的危害预先进行估计。

君子居安思危，在盛虑衰，可无惧哉？——《艺文类聚·石榴》

释义：君子在安逸的时候考虑到危险，在鼎盛的时候考虑到衰落，难道没有惊惧吗？

图之于未萌，虑之于未有。——《旧唐书》

释义：在祸患尚未萌发时就预先提防，在灾祸没有到来时未雨绸缪。

不乱离，不知太平之难；不疾痛，不知无病之福；故君子于安思危，于乱忧治。——《默觚·学篇七》

释义：没有经过荒乱背离的惨状，就不知道得到太平安定的艰难；没有遭受病痛的折磨，就不知道无病的幸福；因此君子在安宁的时候会考虑到潜在的危机，在太平的时候会忧虑荒乱的境况。

中国历史上的忧患意识*

张岂之

“忧患”意识是我国古代思想文化的特色之一，内容丰富，影响深远。关于古代“忧患”意识，已有不少学人做过研究，现在有条件对此进行归纳。同时在某些观点上加以深化，例如关于“忧患”意识的历史分析，就是一个有意义的问题。

道德情操的表述

我们打开先秦特别是春秋战国时期的文化典籍，可以看到，当时“百家争鸣”中的各个学派几乎都有它们自己的忧乐观。例如孔子这样表述：“德之不修，学之不讲，闻义不能徙，不善不能改，是吾忧也。”（《论语·学而》）不注重道德品质的提高，不切磋学问，不按道义的原则去行动，有了过错不能及时改正——这些就是他目睹春秋末期现实状况而产生的忧虑。

◇孔子

* 节选自《炎黄春秋》2000 年第 11 期，原题为《历史上的忧患意识》，收录时略有改动。

与“忧”相对的是“乐”。孔子说：“学而时习之，不亦说乎？有朋自远方来，不亦乐乎？人不知而不愠，不亦君子乎？”（《论语·学而》）经常看到并且宣扬别人的长处和优点，结交有高尚品格的朋友，踏踏实实地培育自己的德行——这三种就是对人有益的快乐呀。

孔子的“忧”与“乐”主要指“君子”体现在学业和品行上的高尚情操。他夸赞自己的学生颜回：颜回身居陋巷，生活艰苦，在“人不堪其忧”的状况下能够“不改其乐”（《论语·雍也》），实在是贤明的君子！孔子说自己“发愤忘食，乐以忘忧，不知老之将至”（《论语·学而》）。这些论述发人深省，它们奠定了中国古代人文精神的理论基础。孔子为人的思想感情提出了道德标准，而情感与道德的结合就称之为高尚的情操。对于人的道德情操的重视，正是中国历史文化的显著特点之一。

“忧患”——人生价值观的核心

战国中期，儒家思想发展到孟子的时候，“忧”与“乐”逐渐具有了理论形态，成为儒家人生哲学的主要内容。它超越了个人道德情操的范围，带有理论的抽象性和普遍性。因此，所谓“忧患”意识便成为人生价值观的简洁表述。

孟子从历史中举出若干有成就的人，说明他们都是从忧患和痛苦中磨炼出来的。比如，舜出身于农家，后来成为一国之君；胶鬲这个人遭遇战乱，以贩卖鱼盐为生，后来周文王提拔了他，为周朝作出了很大贡献；孙叔敖隐居在海滨，楚庄王推举他做令尹，有很大的政绩。这些事例说明，对于人来说，如果没有“忧患”的磨炼，没有失败教训的反思，要培养出刚强意志、奋发精神，那是不可能的。孟子将这些道理提到人生哲学的高度加以总结，写出了自古以来中国人都熟知的一句名言："生于忧患而死于安乐"（《孟子·告子·下》），忧患足以使人生存发展，安乐足以使人沉沦死亡。这是多么深刻的人生哲理！

在孟子看来，仅仅懂得"生于忧患而死于安乐"的道理是不够的。有大志的人应当在此人生哲学的指导下勇于实践，勇于开拓，善于总结经验教训。为此，孟子说了一段很有教育意义的话，其大意是：一个人要挑起重担，他的身体和思想都要经受长期的锻炼，饥饿、困乏经常袭来，思想矛盾经常发生，不如意的事经常遇到。这样，只有这样，才能坚定他的意志，提高他的能力，使他更加冷静、成熟……

在孟子看来，人们在"忧患"中磨炼，最重要的是，培育一种基于高尚理想和志向的精神。他称之为"浩然之气"或"正气"。这不是天生的，要靠后天的培育。"正气"的长期积累，才能使人实现自身的价值，并逐渐达到"富贵不能淫，贫贱不能移，威武不能屈"的"大丈夫"高度。可以看出，孟子关于人生价值观的论述，以"忧患"意识作为起跑点，而"大丈夫"则是力争达到的目标，由此构成了严密的人生哲学体系，在历史上产生过深远的影响。

忧患意识与古代哲学辩证观

"忧患"意识作为中国优秀的文化思想遗产，并不是哪一位先哲从他的头脑中猜想出来的，而是深深地根植于民族文化的土壤，其中便含有哲学理论思维的重要内容。

我国古代哲学辩证观有很高的成就，春秋战国时期许多学派在此领域内都有独特的贡献。例如，道家学派的创始者老子，在《老子》一书中关于事物相反相成的道理作了各方面的论述。他的重要哲学命题是“反者道之动，弱者道之用”（第40章）。“反”即向相反的方面变化。当事物发展到顶点，它不可避免地会向相反的方向转化，而转化到相反的方面以后，还要再向相反的方向转化，以便回到原初的状态。因此，老子所说的“反”含有对立转化和返本复初的两种含义。老子认为“反”才是事物变化的总规律，人们几乎是无法加以抗拒的。因此，“物极必反”成为中国古代人们熟知的名言。

还要提出，古代杰出的兵书《孙子兵法》，其价值并不限于军事，它实际上也是一部讲哲学辩证观的著作。在《孙子兵法》看来，人在“物极必反”的规律面前，并不是无能为力的。在军事斗争领域，人们——优秀的军事指挥家们可以认识并利用事物的辩证规律，制定符合实际的战略战术，从而指挥并取得战争的胜利，由此显示出人的主观能动性的作用。

中国古代儒家学派称辩证观为“有对”之学，“万物莫不有对”。《易传》一书系统地从自然到社会论述了“有对”之学的许多方面。例如强调“变革”的重要性，即人们顺应事物的变化趋势，自觉地进行变革。《易传》的名言：“天地革而四时成，汤武革命，顺乎天而应乎人，革之时大矣哉。”“革命”一词即出自这里，认为商汤灭夏、武王灭商，这些都是顺应历史潮流的革命。还有一点，《易传》提醒人们，“安而不忘危，存而不忘亡，治而不忘乱”，当政者应当居安思危，不可以因表面无事而沉迷安和；只有保持头脑的清醒，谦虚谨慎，扎扎实实地做事，这样才能长治久安。

很明显，中国历史文化的“忧患”意识，是古代朴素辩证观在政治思想领域内的表现。换言之，古代的“安危”观念实际是“忧患”意识的另一种表述，其意义是相通的，受到忧国忧民的政治家、思想家、文学家、军事家们的重视。有了辩证观，才有“忧患”意识。中国历史上“忧患”意识影响之深远，由于它不是个人一时的感言，也不是政事上的临时措施，而是根植于辩证观的政治哲学，由此才有了强大的生命力。

忧国、忧天下的社会责任感

秦统一六国，建立了多民族的统一国家。从这个时候起，“忧患”意识逐渐成为古代爱国主义的重要内容，就是说，人们的“忧患”总是与国家的兴衰治乱联系在一起。西汉时期，从更大范围而立论的“国格”观念应运而生。人们将“国格”作为衡量人的品德、操行、功业、学问的标准。例如史学家司马迁将“国”摆在首位，称赞“先国家之急，而后私仇”（《史记·廉颇蔺相如列传》）的观点。

西汉初期的贾谊是一个思想敏锐、敢讲真话、有强烈责任感的政论家。他心系国运，给汉文帝上书，即著名的《治安策疏》，时当西汉立国20多年，政权日趋稳定，经济有所恢复发展。然而，贾谊却根据他自己的观察和研究，在上书中忧心忡忡地指出，“进言者皆谓天下已安已治矣，臣独以为未也”，认为当时的“事势”不容乐观，有“可为痛哭”“可为流涕”“可为长太息”之处并不少。他也正面地提出了解决社会矛盾的方法，像贾谊这种警世危言正是责任感的表现，并不是无病呻吟，也不是悲观绝望。

到了宋代，“忧患”直指“天下”。北宋时期著名政治家、学者范仲淹在所写名文《岳阳楼记》中，将此前的“忧患”意识提到了一个新高度。岳阳楼初建于唐代，宋仁宗时重修。范仲淹应友人之邀，曾访问岳州（今湖南岳阳市）岳阳楼。这篇名文首叙登楼俯视洞庭湖的景观，接着作者提出了一个问题：“览物之情，得无异乎？”意思是说，人们欣赏景物的感触，会不会因环境的变迁而改变呢？在淫雨霏霏的日子里登楼观景，使人产生“去国怀乡，忧谗畏讥，满目萧然，感极而悲”的心情，可是在春和景明之际登楼，又会使人“心旷神怡，宠辱皆忘”……于是就有了这样的结尾：

“嗟夫！予尝求古仁人之心，或异二者之为，何哉？不以物喜，不以己悲。居庙堂之高，则忧其民；处江湖之远，则忧其君。是进亦忧，退亦忧。然则何时而乐耶？其必曰：先天下之忧而忧，后天下之乐而乐乎……”

一个人怎样才能不因环境变迁而改变自己的志向？不因个人得失而转移自己的感情？这必须要有坚定的信念。这个信念可以这样表述：在朝廷做官，要心系黎民百姓；不在朝廷做官，要有对国家的忧患情怀。当天下人都有了快乐幸福，这个时候才有个人的欢乐愉快。这是多么宽广的胸怀，多么崇高的感情！宋代文学家欧阳修为范仲淹写的碑铭中，称赞范氏少年时就有大志，不论他身处何种环境，也不论别人对他如何评论，都不能动摇他的志向。他始终心怀天下，以“士当先天下之忧而忧，后天下之乐而乐”自勉自励。这种以天下为己任的精神境界才是古代“忧患”意识的真谛所在。

由此可以看出，忧患意识并不是悲观主义和厌世主义，而是崇高的社会责任感和使命感，其精神是积极有为的，有时甚至带有警世危言的形式，不同于一般世俗的看法，具有振聋发聩的作用。

这种忧患意识提醒人们：无论在任何情况下，人们都应当保持头脑的清醒，居安思危，不骄不躁，使正义的事业立于不败之地。从这个主流来看，历史上的忧患意识（或称之为警世危言）仍然值得人们借鉴和研究。

（作者系西北大学名誉校长）

总体国家安全观与中国古代国家安全思想*

赵明旸

国家安全是国家安宁与发展的重要基础，习近平总书记强调"我们党要巩固执政地位，要团结带领人民坚持和发展中国特色社会主义，保证国家安全是头等大事"。党的十八大以来，以习近平同志为核心的党中央，对国家安全理论的重大创新，形成了总体国家安全观，为维护中国特色大国安全提供了基本遵循。总体国家安全观深受中国古代国家安全思想的影响，诸多中国古代国家安全思想在总体国家安全观中都有发扬光大和继承发展。

一、中国古代的国家安全思想

中国古代政治制度以奴隶制和封建制为主，秦朝确立的封建制度，沿用至清末，君主地位至高无上。经济形态以小农经济为主，农业农民是国家赋税和徭役的主要来源，重农思想长期存在。鸦片战争之前的中国以"天朝上国"自居，经济、科技、文化、军事长期世界领先，建立起朝贡贸易体系使东亚和南亚等地区一些国家长期藩属于中国，定期向中国皇帝朝贡，中国通过与藩属国之间的薄贡厚赠，维护周边环境的相对和平。

* 选自《西部学刊》2020 年第 2 期，收录时略有改动。

中国古代特定的社会存在奠定了中国古代国家安全观的总基调。此阶段的国家安全观相对片面，始终将政治安全放于首位，强调维护君权。中国古代的国家安全思想主要包括以下几个方面。

（一）以维护政治安全为核心，也关注经济、军事、文化等安全因素

中国古代长期处于君权社会，君主有决定一切国家大事的权力，维护君权与维护国家安全高度统一。农业经济作为古代社会的经济命脉，历代都十分重视对农业经济的维护。同时也注重提升军事实力，作为政治安全的保障，辅助以精神文化层面的教育感化，倡导忠君爱国理念，维护政权稳定。

在维护政治安全上，管仲提出“五害论”，“水一害也，旱一害也，风雾雹霜一害也，疫一害也，虫一害也”。春秋时期社会生产力水平极低，作为天灾的水、旱、风雾霜雹、瘟疫和虫灾是最威胁国家安全的五个方面，管仲进一步提出“善为国者，必先除其五害”，他认为天灾与人祸之间存在因果联系，天灾救治不及时会导致人祸发生，“五害之属，水最为大”，“水妄行则伤人，伤人则困，困则轻法，轻法则难治，难治则不孝，不孝则不臣矣”。管仲是法家代表人物，法家注重对国家治理方式的研究，注重探索富国强兵之法，他提出的维护国家安全要善于治理“五害”，最终目的仍是立足于维护君权，防止“不孝”和“不臣”等颠覆君权的局面发生。

墨翟提出“七患论”，“国有七患。七患者何？城郭沟池不可守而治宫室，一患也；边国至境，四邻莫救，二患也；先尽民力无用之功，赏赐无能之人，民力尽于无用，财宝虚于待客，三患也；仕者持禄，游者忧交，君修法讨臣，臣慑而不敢拂，四患也；君自以为圣智而不问事，自以为安强而无守备，四邻谋之不知

戒，五患也；所信不忠，所忠不信，六患也；畜种菽粟不足以食之，大臣不足以事之，赏赐不能喜，诛罚不能威，七患也”，“以七患居国，必无社稷；以七患守城，敌至国倾。七患之所当，国必有殃”。墨子的国家安全思想相对比较广泛，涉及经济、政治、军事等诸多方面，在当时实属难能可贵。他认为维护国家安全不仅要重视百姓和农业，也要加强军备和国防，注重维护与盟国关系，还应严纲肃纪、公正公平，国家的政治安全要从多方面去综合维护。

在维护军事和经济安全上，“富国强兵”是维护国家安全的前提条件，古人认为“治国之道，必先富民，民富则易治也，民贫则难治也”。因此在古代农业社会维护国家安全的重点是要保证农业生产。管仲认为“田垦则粟多，粟多则国富，国富者兵强，兵强者战胜”；如果不重视农民，农业畜牧业萎缩，就会导致“国贫而用不足，用不足则兵弱而士不厉，兵弱而士不厉则战不胜而守不固，战不胜而守不固则国不安矣”。古人已经认识到，政治安全的维护，要靠经济和军事安全作为保障，政治、经济、军事安全环环相扣、紧密相连。一个领域出现危机，会波及其他领域安全，只有维护农业生产，做到“国富”，才能保证正常的军事训练，形成“兵强”，增强国家实力，才能君权永存。

在文化精神层面，管仲也提出“四维论”，“国有四维”，“一曰礼，二曰义，三曰廉，四曰耻”，“四维张则君令行”，“四维不张，国乃灭亡”，“一维绝则倾，二维绝则危，三维绝则覆，四维绝则灭。倾可正也，危可安也，覆可起也，灭不可复生也”。古人注意到精神文化在维护国家安全中的重要作用，中国古代倡导的礼制，目的是通过确立人与人之间的礼法关系来确保稳定的社会统治秩序。同时，在儒道法等学派的影响下，形成了仁爱礼让、忠孝节义、克己奉公、勤劳勇敢、礼义廉耻等为主要内涵要素的中国古代民族精神，引导教化民众要遵守礼法、忠君爱国、辛勤劳作，在维护国家安全方面也起到了一定积极作用。

（二）重农重民，“民本”思想占有重要地位

古代小农的赋税和徭役是国家财政税收的主要来源，历朝都比较注重农业生产，以求维持小农经济稳定。古代的国家安全思想体现了众多的“民本”思想，历代圣贤多教育统治者要以民为本、安定民心，从而维护国家稳定。

管仲提出“政之所兴，在顺民心；政之所废，在逆民心”。

儒家的“民本”思想最为突出，孟子提出“民为贵，社稷次之，君为轻。是故得乎丘民而为天子，得乎天子为诸侯，得乎诸侯为大夫。诸侯危社稷，则变置。牺牲既成，粢盛既洁，祭祀以时，然而旱干水溢，则变置社稷”，“乐民之乐者，民亦乐其乐；忧民之忧者，民亦忧其忧”。孟子倡导仁政爱民，认为君主应保障人民的权利，反对虐政与苛刑，得民心者才能获得政权稳固。荀子提出了“庶人安政，然后君子安位”“君者，舟也；庶人者，水也；水则载舟，水则覆舟”“取民者安”“王者富民”等言论，进一步发展了儒家的“民本”思想。

唐太宗坚持“为君之道，必须先存百姓，若损百姓以奉其身，犹割股以啖腹，腹饱而身毙”。北宋石介认为“善为天下者，不视其治乱，视民而已矣。民者，国之根本也。天下虽乱，民心未离，不足忧也。天下虽治，民心离，可忧也”。明末黄宗羲也提出“出而仕也，为天下，非为君也；为万民，非为一姓也”“天下之治乱，不在一姓之兴亡，而在万民之忧乐”。

“民本”思想是中国古代国家安全思想中的重要思想资源，所倡导的是要突出百姓的地位，清楚认识到人民是维护国家安全的主要力量，被古代历朝所传承。

（三）居安思危，突出强调忧患意识

中国古代忧患意识萌芽很早，孔子云“人无远虑，必有近忧”。汉代刘向劝谏皇帝应“明察幽，见成败，早防而救之，引而复之，塞其间，绝其源，转祸以为福”。唐朝在维护政权安全上仍然秉承忧患意识，唐业初定时，唐太宗认为“自古失国之主，皆为居安忘危，处治忘乱，所以不能长久”，唐朝发展“尤需兢慎，若便骄逸，必至丧败”，因此维护国家安全稳定要“安不忘危，治不忘乱，虽知今日无事，亦须思其终始”。经五代动乱，北宋局部统一，南宋偏安江南，宋代士人忧患意识尤重，王安石主张变法时曾上书宋神宗“顾内则不能无以社稷为忧，外则不能无惧于夷狄，天下之财力日以困穷，而风俗日以衰坏，四方有志之士，諰諰然常恐天下之久不安”。

中国古代的忧患意识，对秦代以后的国家安全思想产生了重要而深远影响，从汉朝的忠君之忧、魏晋的乱世之忧，到唐代的盛世之忧、宋代的先忧后乐，再到明代的变革之忧、清代的万民之忧，忧患意识的主题是在不断变化的，但是它强调的维护国家安全要多方考虑、综合统筹、未雨绸缪的理念却是贯穿古代社会的。

（四）反对战争，崇尚和平是主流

崇尚和平是中国古代国家安全战略思想的重要内容之一。中国古代人民崇尚和平，一是中国古代地大物博，中国人“满足于自己已有的东西，没有征服的野心”，因此古代中国不善征伐。二是儒道墨等古代思想都对中国人民热爱和平有着正面影响，道家思想倡导的是清静无为和小国寡民状态，墨家思想倡导的“非攻”思想，谴责不义战争。同时，儒家思想作为古代主流思想，其所

倡导的“仁”的思想，使统治者多以仁君进行自我标榜。加之生产力水平低下，动乱和灾害影响甚大，中国人民渴望和平环境进行生产劳作，因此历代也注重对和平环境的营造。董仲舒认为“天下和平，则灾害不生”，汉初实行休养生息政策，出现文景之治，唐初实行均田制，保障小农生产，出现贞观之治。汉唐时期的和亲政策，保证了与匈奴、吐蕃等的和平交往，明代郑和下西洋虽是朝贡思想主导下的对外交往，但也为中国周边环境和平起到巨大作用。崇尚和平是中华民族自古以来的优秀品德，古代维护国家安全也善用和平手段解决冲突，营造周边和平环境。

二、总体国家安全观对中国古代国家安全思想的继承与发展

总体国家安全观是习近平新时代中国特色社会主义思想在国家安全领域的集中体现，也是新时代中国维护国家安全的指导思想。中国古代的国家安全思想很多都被总体国家安全观继承并发扬。

（一）突出“大安全”理念，涵盖更多范畴

中国古代维护国家安全注重的领域相对来说比较传统，多是关注到政治军事和经济安全，总体国家安全观提出在传统安全领域，要以政治安全为根本，以经济安全为基础，以军事、文化、社会安全为保障。伴随社会快速发展，非传统领域安全的威胁日益凸显，因此总体国家安全观提出要将更多非传统安全囊括其中，它要实现的是传统安全和非传统安全的统筹治理，构建包含政治、经济、军事、文化、社会、科技、国土、信息、资源、生态、核

能等为主要安全因素的国家安全体系。

总体国家安全观揭示了国家安全范畴的广泛性和国家安全含义的全面性，也凸显了其发展性，随着国家利益的不断拓展，国家安全范畴也会及时跟进。它不仅关注到自古以来就关注的政治经济军事等传统领域安全，更是结合社会发展实际，将网络、太空、深海、极地、生物、海外利益安全等新安全领域纳入其中，是一种与时俱进的国家安全观。

古人认识到不发展农业经济，就会积贫，进而影响军事训练，导致积弱，最终会影响政治安全。总体国家安全观同样关注到各安全领域间的联系，它不是多个领域安全的简单叠加，各安全领域也都不是孤立的，总体国家安全观将国家安全看作一个整体，任何一个领域出现问题都会影响整个国家安全。因此，总体国家安全观坚持维护传统安全和非传统安全并重，没有因为传统安全历史影响深远而忽视非传统安全，也没有因为非传统安全威胁大而忽视传统安全。它突出的是“大安全”的国家安全理念，包含范畴十分广泛，统筹关注各领域安全。

（二）以人民安全为宗旨，“民本”理念突出

总体国家安全观要求新时期国家安全工作的宗旨是维护人民安全。这不仅是对古代重民思想的传承，也是对党的宗旨的发扬。人民群众的幸福感和安全感是国家安全状态的“晴雨表”，总体国家安全观立足人民安全，一方面人民的幸福生活要靠持续的国家安全作为保障，另一方面人民是维护国家安全的社会基础。总体国家安全观也倡导每个人都切身融入维护国家安全的行动中去，汇集成维护国家安全的强大保障力量。

以人民安全为宗旨，坚持人民安全高于一切，是总体国家安全观的精髓和根本目的。中国是社会主义国家，开展各项安全工

作的目的都立足于维护广大人民群众的利益，只有人民利益不打折扣得到保障，只有人民群众安居乐业，拥有强烈的安全感和幸福感，才能为中国现代化建设提供良好社会基础和稳定条件。因此总体国家安全观传承并发扬了自古以来的“民本”理念，把人民安全放在首位，高度重视对人民安全的维护。

（三）统筹发展与安全，强化安全保障能力

古代国家安全思想中的忧患意识，也在总体国家安全观中得到充分体现。2015 年颁布施行的《中华人民共和国国家安全法》明确了“国家安全”的概念：“国家安全是指国家政权、主权、统一和领土完整、经济社会可持续发展和国家其他重大利益相对处于没有危险和不受内外威胁的状态，以及保障持续安全状态的能力。”新时期突出强调了维护国家安全要立足于保持经济社会可持续发展和提升保障持续安全状态的能力。

习近平总书记多次强调维护国家安全要增强忧患意识，“增强忧患意识，做到居安思危，是我们治党治国必须始终坚持的一个重大原则”。当今中国面临着新的机遇与挑战，威胁国家安全的因素日益增多，中国要在新时期获得更大发展，就要秉承忧患意识，未雨绸缪、防微杜渐，不断增强维护国家安全的能力。

总体国家安全观同时关注安全与发展两个方面，追求两者的有机统一。发展是安全的基础，想要获得保障持续安全状态的能力，就必须要坚持可持续的发展，反向而知国家安全也是保障经济社会可持续发展的前提条件。总体国家安全观的提出和贯彻实施都充分体现出了忧患意识，2014 年 1 月成立的中央国家安全委员会，统筹负责国家安全各项工作，党和国家从顶层设计层面高度重视国家安全工作。2017 年 10 月党的十九大报告全文共 18 次提及“国家安全”，更是提出要坚定不移贯彻总体国家安全观，贯

彻总体国家安全观被摆在了极端重要的位置。

（四）以促进国际安全为依托，重视共同安全

总体国家安全观弘扬并发展了中国古代国家安全思想中崇尚和平的理念。它提出要以促进国际安全为依托，自身安全与共同安全并重，所关注的是要促进世界和平，坚决维护中国的海外利益，营造和平的国际环境，谋求和平安全发展。

本质上说，促进国际安全也是为了实现共同安全。党的十八大以来，习近平总书记积极倡导共同、综合、合作、可持续的亚洲安全观，党的十九大提出要坚持和平发展道路，推动构建人类命运共同体。总体国家安全观也是坚持自身安全和共同安全相辅相成。中国的高质量发展离不开世界，经济全球化促使中国与各国间联系加深，国家利益交织。当前中国所面临的安全问题很多是全球性问题，很多威胁中国安全的问题不是仅靠中国力量就能解决。因此，总体国家安全观倡导的是中国要始终坚持走和平发展道路不动摇，奉行独立自主和平外交政策，在国际社会上积极发出中国声音，倡导合作共赢，积极参与全球治理，尽量多地通过多边协作机制和合作对话方式解决安全问题，注重对外求和平、求合作、求共赢，努力推动建设持久和平的世界，为新时代中国特色社会主义建设谋求安全的国际环境。

结语

习近平总书记多次强调要重视历史、学习历史，总体国家安全观作为新时代中国国家安全工作的指导思想，它继承了中国古代国家安全思想中的优秀成果。总体国家安全观不仅注重自古以

来就关注到的传统领域安全，并结合时代发展，不断深化内涵、扩大外延，是一种“大安全”理念；古代国家安全思想中的“民本”思想和忧患意识，也被突出强调，重视人民安全，强化持续保障国家安全状态的能力建设；总体国家安全观倡导和平发展、共同安全的理念，秉承了自古以来中国热爱和平的外交理念。总体国家安全观是一个系统、科学、全面的国家安全观，也是一个开放的国家安全理念，会随着实践和时代的发展，进一步发展，持续保障中国的国家安全。

（作者系中共亳州市委党校科研咨政处讲师）

二、一脉相承

马克思恩格斯关于政党防范政治风险的思想及其启示*

胡洪彬

党的十九大以来，党中央在深入推进党的政治建设的过程中，将防范和化解党的政治风险摆在了尤为突出的位置上。《中共中央关于加强党的政治建设的意见》（2019）明确提出要防止“非政治性风险演变为政治风险”。在党的十九届四中全会上，习近平再次强调了通过“健全提高党的执政能力和领导水平制度”，增强领导干部“政治领导本领”和“驾驭风险本领”的极端重要性。中国共产党对于执政风险的探索由来已久，但有关“防范政治风险”的命题则是新时代以来首次论及。这一概念的提出不仅抓住了党的政治建设的关键环节，也表明党在执政安全问题的思考上实现了纵深化。当前，我们党要科学有效地防范化解政治风险，不仅要在执政实践中不断总结经验，更要善于从马克思主义理论高度对其作出分析和界定。早在100多年前，马克思恩格斯在进行无产阶级革命的过程中，就对无产阶级政党如何防范和化解政治风险的命题进行了系统阐释，这些思想涵盖了无产阶级政党防范政治风险的主体依托、内在根基、体制保障、根本旨归等多个层面，积极挖掘、提炼和系统总结马克思恩格斯的政党防范政治风险的思想，对于新时代中国共产党进一步做好政治风险防范工作，进

---

* 节选自《理论导刊》2020年第4期，收录时有删减。

而不断推进党的政治建设的深化发展和提升党的政治领导力等都具有重要的理论指导意义。

一、关于无产阶级政党防范政治风险的主体依托

政党的政治风险，概言之，即政党在革命和执政的过程中遇到的危及其领导和统治地位的可能与各类政治因素的总和。马克思恩格斯生活的年代，资本主义还处在上升阶段，无产阶级及其政党的力量还较为薄弱，这促使马克思恩格斯在推进无产阶级革命中，对无产阶级政党巩固自身力量和防范政治风险给予了高度重视。马克思恩格斯关于无产阶级政党防范政治风险的思路，首先是从干部素养培育切入的。在领导和推进共产主义者同盟、第一国际和第二国际等组织的创立和活动中，马克思恩格斯曾撰写了大量的论著、书信和声明，对党员干部的素养提出了殷切期盼。马克思恩格斯认为，无产阶级政党作为“有自己的目的和自己的政治”的组织，要不断巩固自身政治地位，防止出现被资产阶级侵蚀的政治风险，党的干部首先就须形成坚定的政治素养。早在1847年共产主义者同盟成立时，马克思恩格斯在起草的《共产主义者同盟章程》中，就明确指出成为盟员的前提条件就是必须承认共产主义，否则就没有成为党的成员的资格。针对德国社会主义工人党部分成员鼓吹将党改造成“富有仁爱精神”的“全面的党”之右倾投降主义观点，马克思恩格斯直指其给无产阶级政党的发展带来了严峻的政治风险和危机，并严厉要求他们“退党”，“党如果还让他们占据显要的职位，那就是自己出卖自己”。恩格斯也提醒党的领导人若“只图一时的成就而不顾后果”，这种“机会主义”是极其“危险”的，无产阶级政党要维护自身利益，就必须坚决加以反对。

以干部坚定政治素养为突破口，马克思恩格斯进而强调了干部理论素养、宣传素养等在防范政治风险过程中的重要性。从理论素养的角度看，马克思恩格斯认为，干部的理论积淀是构成干部政治素养的重要前提，无产阶级政党要维护政治稳定，党的干部就要充分获取理论认识，唯有“了解无产阶级运动的条件、进程和一般结果”，方能做到“吃一堑，长一智”，进而不断壮大自身力量，尤其是党的领导者尤其要做到“透彻地理解种种理论问题”，才能“摆脱那些属于旧世界观的传统言辞的影响”带来的风险和挑战。在《〈黑格尔法哲学批判〉导言》中，马克思深刻地指出：“批判的武器当然不能代替武器的批判，物质力量只能用物质力量来摧毁，但是理论一经掌握群众，也会变成物质力量。”从宣传素养角度看，马克思恩格斯认为，掌握理论固然重要，但无产阶级政党要完成自身使命，就决不能仅仅满足于解释世界，更要积极改造世界，由此才能在不断取得革命胜利的过程中巩固自身政治地位。为此，他们在主张理论创新的同时，亦要求干部要重视和善于通过报刊来发挥理论传播作用。在《共产主义者同盟章程》中，马克思恩格斯就将“具有宣传的能力和热情”及“革命的活力”视为成为盟员的重要条件，由此为提升党的领导力提供保障。

以干部素养的界定为基本前提，马克思恩格斯进一步从干部治理层面出发，对无产阶级政党防范政治风险的路径进行了论证。一方面，马克思恩格斯突出强调了及时清除党内不合格干部在防范政治风险过程中的重要性。马克思恩格斯认为，工人阶级要取得革命成功和实现长期稳定的政治统治，则作为工人阶级先锋队的政党就必须积极清除党内一切不称职的公职人员，以竭力维护党的纯洁性。马克思恩格斯明确指出，党的领导干部是社会的公仆，在无产阶级政党内部，“任何一个身居高位的人，都无权要求别人对自己采取与众不同的温顺态度”，任何人都不应把党的干部

“当做完美无缺的官僚，百依百顺地服从他们”，唯此，才能确保干部真正做到为人民服务。1879 年，恩格斯在致马克思的信件中也明确讲道，“一个政党宁愿容忍任何一个蠢货在党内肆意地作威作福，而不敢公开拒绝承认他，这样的党是没有前途的”。1882 年，在法国工人党发生分裂后，恩格斯亦主张党的领导人决不能为了维系表面的团结而丧失原则，尤其当一些派别威胁到党的生存与发展时，就必须果断采取措施，由此，通过及时清除党内不合格官吏，为化解无产阶级政党政治风险提供内部支撑。

另一方面，马克思恩格斯将公众罢免视为无产阶级政党化解内部政治风险和危机的典型形式。这里的罢免，简言之就是免除不合格官员的政治职务，即代表机关或选民撤销选出来的干部的职务的一种政治行为。在《法兰西内战》等著作中，马克思通过总结和分析巴黎公社的革命经验，对无产阶级通过罢免的形式对干部进行撤换的权利作出了明确。他指出，公社要提升政治公信力，不仅所有的公务员“都只付给跟其他工人同样的工资”，以免他们“追求升官发财”的美梦，而且公社内部包括司法、行政和教育各方面的“一切职位交给由普选选出的人担任”，其权力行使过程必须直接对选民负责，且“每一个代表都可以随时罢免，并受到选民给予他的限权委托书（正式指令）的约束”。在马克思恩格斯看来，要彻底清除腐败和作风问题以及由此给整个无产阶级政权带来的政治风险，则唤起人民的监督和参与，并确保人民拥有对干部罢免的权利是根本保证。工人阶级在取得政权后，不仅有权让干部“经常在公众监督之下进行工作”，而且还要“保证本身能够防范自己的代表和官吏，即宣布他们毫无例外地可以随时撤换”，由此才能避免无产阶级政党的领导干部因追求自身特殊利益，而从社会的公仆蜕变为社会的主人。通过罢免不合格干部，达到巩固无产阶级政权的根本目的。

二、关于无产阶级政党防范政治风险的内在根基

经济基础与上层建筑的矛盾关系，是马克思主义分析社会历史问题的基本切入点，早在1843年的《黑格尔法哲学批判》中，马克思就提出了不是国家决定市民社会，而是市民社会决定国家的深刻命题，构成了其经济基础和上层建筑理论的胚芽。此后，在《〈政治经济学批判〉序言》和《反杜林论》等著作中，马克思恩格斯对此进一步作出了丰富和发展。在他们看来，经济基础是决定上层建筑性质的第一要素，有什么样的经济基础，就有什么样的上层建筑。同时，上层建筑一经产生，又会对经济基础带来反作用，即对自身经济基础的巩固和发展带来促进效应。经济基础与上层建筑的矛盾运动，决定了无产阶级政党要巩固政治地位，有效化解自身的政治风险，就必须把契合自身经济基础的建构摆在核心位置上。对此，恩格斯就曾分析指出，一切社会变革的终极原因，绝不在"人们的头脑"中，而应通过"生产方式和交换方式的变革去寻找"。通过对资本主义私有制的深刻批判，以及对无产阶级社会公有制的历史进步性分析，马克思恩格斯基于历史唯物主义的高度，对无产阶级政党防范政治风险的内在基础作出了厘定。马克思一方面肯定了资产阶级的革命性，指出了其在不到一百年所创造的生产力比过去一切时代还要大还要多的客观事实，但另一方面，他又明确指出了资本主义所有制的剥削本质，是"以自己的劳动为基础的私有制的消灭为前提的"，劳动产品和劳动本身的分离，造成了资本主义制度下工人阶级"生产的财富越多"，反而"越贫穷"的悲惨命运。

随着资本主义私有制的不断发展，社会财富也逐渐聚集到少数资产阶级手中，贫富差距也愈拉愈大，以致最终在社会体系内

形成了一个庞大腐朽的特权阶级。马克思恩格斯认为，特权及腐败是资本主义私有制的伴生物，正是因为资本主义私有制的存在，才加剧了公共权力的异化，才激起了“人们最卑劣的冲动和情欲”，它是“以损害人们的其他一切秉赋为代价而使之变本加厉的办法来完成这些事情的”，由此也就导致“贪欲和权势欲”不可避免地“成了历史发展的杠杆”。在资本主义私有制模式下，资产阶级表面上关注弱者权益，但绝非出自真实本意，实质上是为了攫取更多剩余价值来为资本主义私有制服务。正如马克思和恩格斯在《共产党宣言》中指出的：“现代的国家政权不过是管理整个资产阶级共同事务的委员会罢了”。在无产阶级未有足够政治觉悟的条件下，资产阶级的政治统治尚有其伪善的一面，当无产阶级在政治上一旦走向觉醒，资产阶级就会彻底撕碎其虚伪外衣，暴露出它的阶级本质和狰狞面目。恩格斯就曾指出，资本主义私有制是“用最肮脏的手段用之于最卑鄙的目的”，“表面上是替国民服务，实际上却是对国民进行统治和掠夺”。由此，劳动者在受到经济剥削的过程中，也必然走向“贫困、精神屈辱和政治依附”。在这种情况下，无产阶级政党的根基不仅难以保全，而且其政治运作过程也时时刻刻都处在风险的包围之中。

面对资本主义私有制下无产阶级所处的恶劣处境，无产阶级政党要彻底化解政治风险，就必须通过暴力革命将资本主义私有制进行彻底消灭，如此才能在解放和发展社会生产力的基础上，进一步提升自身的政治合法性。马克思恩格斯认为，社会主义对资本主义的取代，是社会生产力发展的革命性结果，正是因为在资本主义私有制环境下，“资本的垄断”成了“生产方式的桎梏”，才使得这种转变成为了社会历史发展的必然结果。“生产资料的集中和劳动的社会化，达到了同它们的资本主义外壳不能相容的地步，这个外壳就要炸毁了”。在此过程中，无产阶级的革命不可避免地就会走到历史的前台上来。在《共产党宣言》中，马克思恩格斯明确提出无产阶级要“把资本变为公共的、属于社会全体成员的财产”，共产党人的全部理论可以概括为一句话，就是“消灭私有制”。由此，无产阶级及其政党通过一步一步夺取资产阶级的全部资本，不仅为推进社会生产力发展扫除了障碍，也在实现政治统治的过程中为化解无产阶级政党的政治风险提供了根本保障。

马克思恩格斯认为，正是基于无产阶级领导的社会公有制的建立，才为无产阶级及其政党化解政治风险提供了内在和坚实的经济根基。一方面，公有制的建立彻底清除了无产阶级在生产过程中的异化问题，提升了无产阶级在国家政治体系中的主体地位。在《1844 年经济学哲学手稿》中，马克思就对资本主义私有制下的劳动异化问题作出了深刻剖析。他指出，劳动乃人类之本质，但资本主义私有制的客观存在，以及资产阶级对生产资料的垄断性占有，则使得无产阶级同劳动产品间形成了异化的关系，即无产阶级创造的劳动产品不但不为自身所拥有，反而成为了支配自身的异己力量。公有制的确立确保了无产阶级作为劳动者的优先受益权利，使劳动的价值真正得到了实现。由此，无产阶级在恢复劳动自主性的基础上，就为其积极参与国家政权建设、化解政治风险提供了坚实的经济基础。另一方面，公有制的建立也为无产阶级及其政党提升防范政治风险的能力提供了帮助。根据马克思恩格斯的构想，在无产阶级的社会公有制环境下，整个社会直接占有一切生产资料，包括土地、铁路、矿山、机器等等，以确保其“为了全体的利益而共同利用”。可见，公有制的确立为无产阶级参与政治消除了经济障碍，进而为其提升自身的政治话语权奠定根基。面对政治风险和危机，无产阶级可基于自身利益提出防范之策，为推进无产阶级政权的不断巩固贡献自身力量。

三、关于无产阶级政党防范政治风险的体制保障

无产阶级政党要防范政治风险，不仅要建构契合自身利益的经济基础，也要在政治层面上建构和形成完善的体制保障体系。对于无产阶级及其政党而言，这一机制和保障体系的实现，从根本上就是要通过暴力革命推翻资产阶级虚伪的民主法治体系，进而建构和形成无产阶级的民主法治体制来加以实现。马克思恩格斯认为，民主乃是一种具有阶级性的国家制度，而法治则是人类文明进步的阶梯和本质要求，这二者共同构成了无产阶级政党维护自身利益和防范政治风险的坚实保障。由此出发，马克思恩格斯对资产阶级民主制的不彻底性和虚伪性进行了深刻批判。在马克思看来，资本主义民主制度虽有一定的历史进步意义，但资产阶级的阶级性质决定了其民主本质上是资产阶级的专政。“资产阶级口头上标榜自己是民主阶级”，但“实际上并不如此”，而且也“从来不在实践中实现这种原则”。在《1848 年至 1850 年的法兰西的阶级斗争》中，马克思就揭示，“资产阶级共和国”就是“一个阶级对其他阶级实行无限制的专制统治”。恩格斯也直言不讳地指出，在资产阶级的政治统治下，“穷人是无权的”，他们不仅“备受压迫和凌辱”，而且“宪法不承认他们，法律虐待他们”，即资本主义民主实质上是少数资产阶级的民主，而不是大多数无产阶级的民主。在这种环境下，无产阶级显然毫无政治地位可言。要化解政治风险，无产阶级必须建立属于自身的民主体制。

由此，马克思恩格斯通过参与欧洲工人运动及基于对巴黎公社经验的深刻反思，对无产阶级的民主体制建设作出了科学规划。在《德意志意识形态》中，马克思就指出，无产阶级要取得政治统治地位，首先必须“夺取政权”，以便将自身利益提升为“普遍

的利益”，“这是它在初期不得不如此做的”，在这个过程中，无产阶级“失去的只是锁链”，获得的是“整个世界”。在《共产党宣言》中，马克思恩格斯也明确提出工人革命的第一步就是使自身“上升为统治阶级，争得民主”。由此，在无产阶级的民主体制下，一切国家机关的公职人员都将在人民的监督下展开运作，法官的虚伪的独立性被彻底取消，警察也不再是集权和专制的工具，由此，“国家制度在这里表现出它的本来面目，即人的自由产物”。显然，这就为无产阶级巩固自身的政治统治奠定了体制支撑，也为其防范政治风险提供了现实渠道。恩格斯也认为，无产阶级民主即真正的人民民主。1879 年，他在《致马克思》一文中强调，如果贪污腐败大行其道，无产阶级为了自身利益完全可抛弃调和的政策，进行十分“坦率的批评”，“即使发生争论和吵闹也不怕”。可见，正是基于无产阶级民主制的建立，才在强化无产阶级主体性的过程中，为其防范政治风险提供了现实可能。

为进一步提升无产阶级及其政党防范政治风险的能力，巩固无产阶级政权，在建构无产阶级的民主体制的基础上，马克思恩格斯又进一步阐释了实现无产阶级法治的极端重要性。1843 年，马克思在写作完成《黑格尔法哲学批判》之后，便开始投入大量的精力，对法律问题展开分析和研究，尤其是对法律的本质和起源等进行了深刻探讨。马克思认为，对法的关系的探寻决不能从“人类精神的一般发展来理解”，而必须根植于社会发展实践，即法律本质上“源于物质的生活关系”，是“物质的生活关系的总和”。在马克思看来，法律作为阶级意志的反映，是统治阶级意志上升为国家意志的体现。在资产阶级专政的国家体制下，法律是凌驾于无产阶级之上的，无产阶级无任何权利可言，只有通过无产阶级专政，进而形成无产阶级自身的法治体系，法律才会趋向于现实的人民，进而才能被确定为人民自己的事情。正如马克思指出的，“在民主制中，不是人为法律而存在，而是法律为人而存在”，“法律、国家本身都是人民的自我规定和特定内容”。可见，无产阶级要更加有效地防范政治风险，维护自身政治统治地位，则积极将自身意识通过法律的形式固定化是必然要求。

正是基于无产阶级法治建设的角度，马克思恩格斯进一步从制度建设层面，对无产阶级政党防范政治风险的过程进行了阐释。譬如，针对党内腐败问题以及由此给党带来的政治公信力危机，1859 年，马克思在《致恩格斯》一文中便明确力主“必须绝对保持党的纪律，否则将一事无成”。他号召人民通过广泛的参与和监督，为维护党的肌体健康提供保障。而在总结巴黎公社革命失败的经验教训时，马克思更是对工人阶级如何通过制度建设，将阶级斗争控制在适当范围内的过程进行了系统分析，即通过以“真正的责任制来代替虚伪的责任制”，使“一切有关社会生活事务的创议权”都在“公社掌握”之中。恩格斯也将法律视为无产阶级防范化解政治风险的利器，他指出，“所有通过革命取得政权的政党或阶级”，“都要求由革命创造的新的法制基础得到绝对承认”，对此，无产阶级亦不例外。1875 年，在给奥·倍倍尔的信中，恩格斯突出强调了由人民来管理国家的重要性，指出其实现的首要条件就是“一切公务人员在自己的一切职务活动方面都应当在普通法庭上按照一般法律向每一个公民负责”。这就在无产阶级的法治体系下，为无产阶级参与政权、巩固政权明确了法制前提，同时也为无产阶级防范化解政治风险提供了制度层面的证明。

（作者系浙江财经大学马克思主义学院教授）

居安思危　从严治党*
——列宁的“执政风险”思想及其治党思路和方法

韦定广

共产党在落后国家执政始于俄国的十月革命，而列宁作为其开创者和最初的领导者，对于共产党实现有效执政中的困难的体会尤其深刻。在整个20世纪共产党执政国家领导人中，无论理论修养、革命经历还是政治智慧，列宁都首屈一指。特别是由于有在西欧主要国家生活过14年的经历，其文化视野以及对现代政党政治的熟谙程度更是无人能及。这些因素使之能够在共产党执政肇始之际，不但洞悉所面临的危险，而且能够从现代政治原则与共产党执政特殊性相结合角度，形成必须从严治党的思想原则与实践主张。时至今日，由列宁开创的共产党执政历程在俄罗斯已不复存在。痛定思痛，回顾他这方面的贡献尤感意义深远，甚至对于解决中国共产党所面临的执政风险具有重要的思想启迪与实际操作价值。

* 节选自《中国浦东干部学院学报》2012年第5期，原题为《居安思危　从严治党——列宁的“执政风险”思想及其治党实例与原则》。

一

任何一个政党在成为执政党后的最初阶段，一般来说，在人民群众中的威望会比较高，其领导基础也较为坚实。俄共（布）也不例外。获得占压倒多数的人民群众和士兵的衷心拥护，是布尔什维克能够获得执政地位的首要条件。然而，列宁的可贵之处在于：还在布尔什维克执政尚处于“安全期”时，就见微知著，提醒全党注意警惕在落后国家执政所面临的多重挑战与巨大风险。

在取得政权半年左右，“官僚主义还没有引起我们注意……我们自上而下地摧毁旧官僚机构才过了半年，我们还没有感觉到这个祸害”；但是“又过了一年”，就发觉官僚主义已经在“苏维埃制度内部部分地复活起来”。这时，列宁仍然将问题主要限定在“苏维埃制度内部”，同时强调只是“部分地”复活，并且是新政权利用了旧的官僚机构和沙皇时代官僚的结果。列宁指出：随着共产党成为执政党，“沙皇时代的官僚渐渐转入苏维埃机关，实行官僚主义，装成共产主义者，并且为了更便于往上爬而设法取得俄国共产党的党证。结果，把他们赶出门外，他们又从窗口飞进来”。但是，“又过了两年……我们把这个祸害看得更清楚，更明确，更严重了”。之所以“更清楚，更明确，更严重”，主要表现在：

第一，官僚主义危害不仅存在于政府机关，而且党的领导部门甚至中央也难以幸免。列宁开始认为官僚主义的影响只限于苏维埃机关下层，并且是局部性的。但后来，强调官僚主义不但已经成为“国家制度中的”“一种脓疮”，不但“在我们的人民委员部里，官僚主义还很严重，各部都如此”，而且“复活了的官僚主义”也必然会在“党的组织中”产生有害的影响，在“党的机构中”也会出现“旧官僚主义这种坏现象”。在俄共（布）第九次代表大会上，他进一步将官僚主义列为“党的病症”，并承认这种“病症”“不仅莫斯科有，而且正在向全国各地蔓延”。到了新经济政策时期，又将批评的锋芒指向中央高层：官僚主义的有害影响“地方上的情况一般比中央要好，这也是可以理解的，因为官僚主义这一祸害，自然是集中在中央”；并且强调“我们内部”的官僚主义者们，“都是身居苏维埃要职（也有担任一般职务的）、由于勤勤恳恳而受到大家尊敬的共产党员”。

第二，官僚主义“祸害”有可能导致巨大执政风险。在战时共产主义初期，列宁认为官僚主义的主要危害仅表现为影响苏维埃政权的工作效率；后来指出这是妨碍国家制度良性运行的一种“脓疮”。但到了新经济政策时期，认识发生了很大变化：如果仅是类似于人们身体中的“脓疮”，那还可以“立刻消灭、彻底消灭”；但党和国家机关内部的官僚主义却是“我们内部最可恶的敌人”，如果任其滋生与蔓延，“宏伟的共产主义事业”就有可能“被死气沉沉的官僚主义彻底败坏”；共产党员尤其是身居要职的领导人如果成为官僚主义者，甚至有可能从根基上断送（“毁掉”）共产党执政前途，从而使十月革命开创的社会主义前景得而复失！列宁曾经愤恨地指出：“共产党员成了官僚主义者。如果说有什么东西会把我们毁掉的话，那就是这个。”

官僚主义是最先引起列宁注意的执政风险，但随着时间的推延，对于共产党在俄罗斯执政的风险他愈益有更加全面而清醒的认识。

自 1921 年底始，列宁的健康每况愈下；多处病痛的折磨迫使他开始间歇性地脱离工作，甚至完全处于离职休养状态。然而，作为视党之事业为生命的伟大政治家、革命家，他的思想非但没有休息，相反却陷于更紧张、更深沉的思索之中。1922 年 3 月，在为俄共（布）第十一次代表大会准备政治报告的材料中，他自嘲道:“因祸得福:我居闲半年(1921年和1922年),‘从旁’观察。”处于一线工作中心,每天需要考虑和处理的都是迫在眉睫的日常事务;而“‘从旁’观察”,则可以深入凝思一些事关全局、影响深远的战略性、全局性问题。“‘从旁’观察”的重要成果之一,是在俄共(布)第十一次代表大会所作的政治报告。俄共(布)第十一次代表大会于1922年3月27日至4月2日在莫斯科举行,这是列宁参加的最后一次党代表大会。或许对未来生命历程已经有所预感,列宁不但强忍病痛参加了大会,而且所作政治报告长达3万余字。这篇最后的“大部头”文献内容宏富,其中贯穿全篇的,正是列宁对共产党在俄国执政缺陷及其错误的深刻检讨。例如官僚主义严重、脱离群众,执政能力薄弱、有充分的政治权力却不能够正确使用,狂妄自大、习惯于到处发号施令,不注意执政的科学性、过分醉心于行政命令的方式……特别是在文中,列宁严正指出:俄共(布)作为军事上、政治上“征服者”,在执政过程中完全有可能因自身缺陷而成为俄罗斯旧文化的“被征服者”,从而导致执政最终走向失败。

1922年下半年至1923年初,尤其是在包括《给代表大会的信》在内、后人以“政治遗嘱”命名的最后文稿中,列宁进一步分析共产党执政中所面临的主要危险:

——工农检查院,这个原本为了体现工农群众对国家政权进行监督的机构,竟然丝毫不起作用,甚至在一定程度上蜕变为“最典型的旧式国家机关”;

——中央政府各部门执政能力欠缺、办事效率低下,尤其是拖拉作风严重,“如果不注意、不督促、不检查、不拿三根鞭子抽打,在我们这可恶的、奥勃洛摩夫式的风气下,两个星期就会‘松下来’”;

——包括斯大林、奥尔忠尼启则等在内的许多中央高层领导人独断专行、刚愎自用、专横跋扈,容不得任何不同意见;

——党内缺乏民族平等思想，大俄罗斯沙文主义严重，甚至许多共产党员“就是大俄罗斯沙文主义者”；

——不讲法制与法治，对于贪污盗窃等行为姑息养奸，特别是由于“我们是生活在无法纪的海洋里”，“我们的全部生活中和我们的一切不文明现象中的主要弊端就是纵容古老的俄罗斯观点和半野蛮人的习惯”。

面对上述问题，列宁逝世前对俄共（布）执政前景表现出莫大的担心与忧虑。

二

能够在执政初期就尖锐指出所面临的巨大风险，并且是以给代表大会的信或在党代表大会作政治报告的方式，既表明列宁对于当时党的状况有着非常清醒的认识，同时也显示了必须从严治党的决心。虽然由于过早去世，围绕如何从严治党的问题列宁并没有形成系统而完整的思想，但从他大量论述特别是对一些具体事件的处理中，我们仍然能够清晰地把握到他的主要思路与方法。

（一）从组织建设入手，把严“入口关”，努力清除党内腐败分子

任何政党在其发展中都会谋求党员数量的增长，因为这是党赖以存在与壮大的基础。俄共（布）当然也不例外。但是在成为执政党后，共产党员的身份及其荣耀完全不同于战争年代。列宁指出：由于俄共（布）已经成为“公开的党”，也就是“加入之后就有可能掌权的党”；这种情况会导致一些“旧资本主义的渣滓钻进和混入执政党里来”。在 1920 年 4 月初召开的俄共（布）第

九次代表大会上，列宁着重提醒全党：俄共（布）执政后有一个“很现实的危险”，即在数量“迅速发展”而使党成为“拥有60万人的大军”后，党员在忠诚、纪律等这些作为无产阶级先锋队组织的基本条件方面，却难以获得充分保证。为保持党的纯洁性，列宁坚决主张俄共（布）不应该盲目地追求数量，而更应该通过各种组织建设措施确保质量。

第一，提高接收新党员的“门槛”

1921年12月，列宁在《对俄共（布）第十一次代表会议关于清党的决议草案的意见》中写道：“我丝毫不反对让真正的工人能更容易入党，但是，如果不提出非常严格的条件来确定什么人能算是大工业的工人，那么，马上又会有一大批乌七八糟的人来钻这个空子。”在俄共（布）第十一次代表大会筹备期间，围绕党内正在讨论的“接收新党员的条件”问题，列宁提出了近乎于“苛刻”的规定与要求，特别是一再强调必须根据不同情况延长新党员的预备期。列宁认为：“我们党现在有30—40万党员，这个数目已过大，因为所有材料都表明现在的一些党员的修养水平很差”，共产党员“目前的政治修养的一般水平和平均水平（拿绝大多数党员的水平来说）是不够的”；“毫无疑问，目前我党就大多数党员的成分来说是不够无产阶级的”，很多党员虽然身份是工人，但并不是一个真正“具有无产阶级心理的人”。

第二，严肃查处犯有各种错误的党员，不合格者坚决予以清除

在《新经济政策和政治教育委员会的任务》一文中，列宁明确提出清党要求，主张“从党内赶走10万到20万混进来的人”；后来又相继提出各种建议，诸如“撤换不认真学习管理工作的共产党员”、对犯错误的共产党员“更要追究法律责任”、在法律上“对共产党员的惩办应比对非党人员加倍严厉”。主要由于列宁的一再坚持，在俄共（布）第十一次代表大会召开前的半年内，共有169748人（占全

体党员的24.8%），因思想问题或生活腐化等原因被开除出党。

（二）以制度建设为基础，严防党的各级领导干部蜕化变质

作为共产党在落后国家执政的开创者，俄共（布）在制度建设方面没有任何先例可循，而围绕党自身建设与治理更加缺少制度性借鉴。但列宁在十月革命后很快意识到，只有尽快做好这项工作，才能够使从严治党落到实处，从而有效保证共产党的先进性特别是执政地位的维持与巩固。在这方面，列宁尤其将如何通过制度建设实现对各级权力的制约与监督的问题放在首位。

在革命胜利之初，列宁就提出："要有多种多样的自下而上的监督形式和方法，以便消除苏维埃政权的一切可能发生的弊病。"根据列宁的要求，1920年9月俄共（布）九大通过《关于党的建设当前任务的决议》，宣布成立监察委员会。为了便于有效实施对党的各级领导机构及其领导者的监督职能，中央和各级监察委员会分别与党的中央委员会以及同级党委会平行地行使职权，即这两个机构分别由党的全国代表大会和地方各级代表大会选举产生，并向本级代表大会报告工作。同时规定：在监察系统内部实行垂直领导；各级监察委员会有权出席本级党委会的各种会议；对于监察委员会的决议，本级党委会必须执行；监察委员会委员不得兼任党委会委员。当时与党的监察委员会并列的，还有一个专门对苏维埃政权进行监督的工农检查院。但由于在党执政条件下，党的领导与行政领导实际不能完全分开；为了更有效地实施对党的各级领导的监督，列宁后来主张将工农检查院和党的监察委员会合并，从而形成一个强大而统一的全方位监督系统。为了防止党和国家最高领导层权力失控，列宁还特别强调对党和国家领袖人物的监督，要求"有一定的人数必须出席政治局每次会议的中

央监察委员会的委员们，应该形成一个紧密的集体，这个集体应该‘不顾情面’”地监督每一位政治局成员。

在建立与完善监察制度同时，列宁还试图借助党内民主制度的建设实现对最高权力的有效监督。

按其性质，党的最高权力机构是党的全国代表大会，充分发挥党代表大会的作用是实行党内民主的重要保证。为了确保民主原则充分实现，同时加强对权力的监督，列宁坚决主张每年召开一次党代表大会。史料证明：自十月革命胜利到列宁逝世前的1923年，俄共（布）共召开了六次全国代表大会，即使在残酷的战争期间也没有延误过。为了完善民主集中制、加强中央集体领导，列宁在其去世前的“政治遗嘱”中，还提出了一系列的主张：扩大中央委员会的人数；“中央全会完全变成党的最高代表会议，每两月开会一次，有中央监察委员会参加”；建议从工人中选出75—100名新的中央监察委员，让他们“享有中央委员的一切权利”；由于斯大林“掌握了无限的权力”，建议将之从总书记的职位上调离；中央委员会是党的最高决策机构，而政治局和书记处只能以中央委员会的名义处理日常工作……

（三）重视文化建设，坚决纠正和克服党执政中严重存在的精神缺陷

对于共产党执政中的缺陷及其存在的问题，列宁晚年的重要贡献之一，就是从文化层面揭示其根源所在。文化根源主要表现在两个方面：一是缺少有效执政所需要的文化水平。所谓“执政”，其实也就是领导或从事具体的管理工作。这方面所需要的文化完全不同于战争年代对于共产党员的要求。列宁在党代表大会的政治报告中明确指出：对于执政，如果仅仅“依靠”共产党人的“信念、忠诚和其他优秀的精神品质”，“这在政治上是完全不

严肃的”；我们既然夺得了政权，所拥有的“政治权力是完全够了”，同时“主要经济力量操在我们手里”，而且处于执政地位的共产党员们不乏政治上的坚定性以及理想信念等，“我们党员虽然拥有全部政权和一切条件，但丝毫不会利用自己的权利和自己的政权”；问题的关键就在于“做管理工作的那些共产党员缺少文化”，即缺少管理工作所需要的专门知识与技术、科学方法、思维能力等。二是旧的习俗、习惯等仍然在党内居于支配性影响。列宁晚年经常提醒人们：“我们的国家机关整个说来受旧精神的束缚和浸染最严重。”《宁肯少些，但要好些》是列宁生前的最后一篇文献，而且是专门谈党和国家机关改革的。就在这篇文献中，列宁尖锐地指出：“我们国家机关的情况，即使不令人厌恶，至少也非常可悲，因此我们必须首先认真考虑怎样来克服它的缺点，同时要记住，这些缺点根源于过去，过去的东西虽已被打翻，但还没有被消灭，没有退到早已成为陈迹的旧文化的阶段去。”什么样的“旧文化”在影响着国家机关的良性运行？或者说，是哪些“旧文化”对共产党有效执政构成严重制约？列宁在文中明确指出：是“资产阶级以前的糟糕之极的文化，即官僚或农奴制等等的文化”。另外在 1922 年 5 月 20 日给斯大林并转政治局的信中，列宁几乎以愤怒的口吻谴责道：“我们的全部生活中和我们的一切不文明现象中的主要弊端就是纵容古老的俄罗斯观点和半野蛮人的习惯。”

有鉴于此，列宁晚年认为要有效避免共产党在落后国家执政中的缺陷与风险，全部问题的关键，或许“‘只’在于”加强“无产阶级及其先锋队的文化力量”。也就是说，处于执政地位的共产党必须高度重视自身的文化建设：既要注重提高科学修养、管理水平，而且更需要通过一场深刻的文化革命促进自身文化的现代化，从而成为先进文化的拥有者、代表者。

（作者系解放军南京政治学院上海分院教授）

从中共七大文献看毛泽东如何应对“大事变”*

王颖

1945年4月23日至6月11日中共七大在延安召开之时，正是世界反法西斯战争及中国抗日战争取得胜利的前夜，一场关乎国家、民族、人民命运的“大事变”即将出现。重新研读中共七大文献，我们可以清晰看到，在历史转折的重要关头，毛泽东高瞻远瞩，审时度势，把“准备应付大事变”作为基本方针，科学回答了战后中国向何处去的问题，并运筹帷幄，周密做好了迎接各种困难和挑战的准备，以高度的战略思维，引领形成七大正确的路线、纲领、策略，为抗日战争的胜利和新民主主义革命在全国的胜利奠定了坚实基础。毛泽东在其中所体现的思想方法和工作方法，今天依然具有重要启示意义。

一、风云变幻的形势与各种不同认识

1945年春，国际国内形势发生显著变化。在欧洲战场，反法西斯战争已接近尾声，在苏、美、英的合力打击下，德国法西斯即将走向失败。在亚洲太平洋战场，形势也基本明朗，日本海军濒临覆灭，日军虽然还在勉强维持，但经过中国战场、太平洋战

---

* 选自《党的文献》2020年第4期。

场的严重消耗和缅甸战场的惨败，已成强弩之末。在国内，国民党由于1944年正面战场的大溃败，力量受到削弱，但仍继续实行一党独裁的专制统治，拒不接受共产党成立联合政府的主张，并力图削弱和消灭中国共产党领导的人民革命力量，准备抢夺抗日战争的胜利果实。而此时的中国共产党经过整风，全党在思想上达到了空前的统一，力量也有了极大发展，已由长征会师陕北时的不到3万党员发展到121万党员。共产党领导的敌后抗日根据地军民继续展开局部反攻，已经形成对日军占领的许多中心城市和交通线的包围。中共领导的八路军、新四军发展到91万，民兵220万，19块抗日根据地的人口接近1亿。

在国共之间，美国基于战后如何更有效地控制中国和整个亚太地区的考虑，开始采取扶蒋反共的政策。4月2日，美国总统特使赫尔利在华盛顿公开宣布美国政府只同国民党合作，不同共产党合作，并攻击共产党及其军队阻碍了中国的统一。

在世界反法西斯战争即将取得胜利的形势下，人们对胜利后世界将向何处发展有不同的估计。有人认为胜利后世界将向反动方向发展，有的甚至认为美、英将联合起来，利用德国和日本残余势力和俘虏，发动反苏的第三次世界大战。对抗战胜利后中国的前途和命运，也有两种极端的看法：有些人盲目乐观，看不到国民党发动内战的危机；有些人特别是中间势力对国共关系忧心忡忡，对国家的前途陷入悲观。由于国民党顽固派为发动内战作舆论准备，诬蔑共产党“要颠覆政府”，加重了社会对战后国家前途的悲观情绪。

二、毛泽东对时局的准确把握

（一）密切关注国际国内形势，把“准备应付大事变”作为基本方针

毛泽东密切关注着国际国内形势的变化，在很多人还没有察觉时就预见到“大事变”的来临。1944 年 5 月 21 日，毛泽东在中共六届七中全会上作工作报告时说：“我们党要准备应付将来的大事变。”这次会议于 1944 年 6 月 5 日讨论并通过了毛泽东起草的《中共中央关于城市工作的指示》。《指示》要求各级领导“必须把城市工作与根据地工作作为自己同等重要的两大任务”，“以期在今年下半年及明年上半年，就能收到显著成绩，准备配合世界大事变”。

毛泽东深刻意识到“大事变”将带来难得的机遇和严峻的挑战。他认为，只有全党提前做好准备，才能占据时局主动，争取革命胜利。1945 年 3 月 31 日，他在六届七中全会上指出：“现在是有更大希望的时期，我们应在此时机提出适当的纲领，动员全国人民来实现。”

在七大开幕式上，毛泽东作《两个中国之命运》的开幕词，更加明确表达应对“大事变”的思想。他指出，这次大会的重要意义“是关系全中国四亿五千万人民命运的一次大会”，“在中国人民面前摆着两条路，光明的路和黑暗的路。有两种中国之命运，光明的中国之命运和黑暗的中国之命运”。他解释道，光明的命运即战后建设一个独立、自由、民主、统一、富强的中国；黑暗的命运即战后仍为国民党一党专制，继续维持一个半殖民地半封建

的、分裂的、贫弱的中国。面对这样的两条道路和两种命运，中国共产党的选择是“应当用全力去争取光明的前途和光明的命运，反对另外一种黑暗的前途和黑暗的命运”。

毛泽东在《论联合政府》的报告原稿中曾指出：“两三年中将是中国情况大变化的关键”。虽然后来对外发表时删去了这句话，但毛泽东一再强调：“我们要有这种精神准备，准备应付大事变。”

可见，毛泽东在七大筹备和召开的过程中，始终着眼于即将到来的变局，把应对“大事变”作为会议的基本方针。

（二）深刻分析国际国内形势，准确把握时局的基本走向，阐明七大的路线

毛泽东坚持运用马克思主义基本原理，深刻分析国际国内政治格局的重大变化，准确辨别各种政治力量新的选择、新的动向，在错综复杂、风云变幻的局势中指出时局的基本走向。

第一，“法西斯侵略势力是一定要被打倒的，人民民主势力是一定要胜利的。世界将走向进步，决不是走向反动。”毛泽东指出，尽管历史可能还会发生若干暂时的甚至是严重的曲折，反动势力还很强大，但是“历史的总趋向已经确定，不能改变了”。因为“人民，只有人民，才是创造世界历史的动力”，“人民将赢得战争，赢得和平，又赢得进步”。

第二，与法西斯残余势力、反民主势力和一切帝国主义势力的斗争将长期存在。毛泽东认为：“广泛地散布着的法西斯残余势力，一定还要捣乱；反法西斯侵略战争的阵营中存在着反民主的和压迫其他民族的势力，他们仍然要压迫各国人民和各殖民地半殖民地。所以，国际和平实现以后，反法西斯的人民大众和法西斯残余势力之争，民主和反民主之争，民族解放和民族压迫之争仍将充满世界的大部分地方。”

第三，“资本主义是向下的”。毛泽东指出：“十月革命，砍掉了资本主义一只脚；第二次世界大战，德、意法西斯资本主义打倒了，法国内部最坏的东西垮台了，许多小皇帝也垮台了，小国家起了变化，都进步了，这又砍掉了资本主义一只脚。”资本主义内部也不稳定，经济危机不可避免。美国的战时繁荣是带有特殊性的，以后也不会有稳定。“他们要和平，要建立国际安全机构，要做生意，都是求得战后资本主义的稳定。”针对世界各国反动派散布的反苏反共言论，毛泽东说：“他们的资本很小了，所以只得抓着小辫子不放，放不得，放了就无话可讲了。”

第四，中国人民的力量变强大了。毛泽东分析了实现光明前途的条件：“有一个经验丰富和集合了一百二十一万党员的强大的中国共产党”，“有一个强大的解放区，这个解放区包括九千五百五十万人口，九十一万军队，二百二十万民兵”，“有全国广大人民的援助”，“有全世界各国人民特别是苏联的援助”。他充满信心地说，“这些条件，在中国是从来没有过的”，“中国共产党从来没有现在这样强大过”，“在这些条件下，打败侵略者，建设新中国，应当说是完全可能的”。

第五，国民党现在更虚弱了，更惧怕人民力量了。毛泽东没有被国民党表面的强硬所迷惑，他说：“对国民党，我们打退了它的三次反共高潮及无数次的进攻，包括思想上的进攻，政治上的进攻，军事上的进攻”，“使它的影响低落了，势力缩小了”，而“我们的党已经成了中国人民抗日救国的重心，已经成了中国人民解放的重心，已经成了打败侵略者、建设新中国的重心”。

总之，毛泽东认为：“中国在这一次有成为独立、自由、民主、统一、富强的中国之可能性，为近百年来、五四以来、有党以来所仅有。”以毛泽东为核心的党中央为应对即将到来的“大事变”，适时提出了七大的路线：放手发动群众，壮大人民力量，在我党的领导下，打败日本侵略者，解放全国人民，建立一个新民主主义的中国。

（三）全面提出中国共产党应对“大事变”的纲领、策略，指明了争取光明前途命运的途径和办法

要争取中国抗战胜利后光明的前途和命运，就要提出解决包括政治、经济、文化等各方面的中国问题的方案。毛泽东早在1940年写的《新民主主义论》一文中就提出了建立新民主主义国家的政治主张，并将其确定为中国共产党的一般纲领。到1945年，毛泽东的新民主主义理论有了新的丰富和发展。他在提交七大的书面报告《论联合政府》中强调指出，中国不可能也不应该建立资产阶级专政的国家，但也不可能直接成为社会主义国家，“我们主张在彻底地打败日本侵略者之后，建立一个以全国绝对大多数人民为基础而在工人阶级领导之下的统一战线的民主联盟的国家制度，我们把这样的国家制度称之为新民主主义的国家制度”。毛泽东对新民主主义政治、经济、文化等又作了新的全面阐释，形成了建设新民主主义国家的基本方略。

针对当时中国最现实的问题，毛泽东还在《论联合政府》中提出了中国共产党在当时阶段的一系列具体纲领。在这些具体纲领中，最重要的就是“废止国民党一党专政，建立民主的联合政府”。这是解决当时中国所有问题的政治前提。毛泽东提出结束国民党一党专政的两个步骤：第一步，经过各党派和无党无派代表人物的协议，成立临时的联合政府；第二步，经过自由的无拘束的选举，召开国民大会，成立正式的联合政府。中国共产党“建立联合政府”的政治口号，是在国共两党谈判中提出来的，国民党企图通过美国政府的所谓协调来消弭这一口号。到七大召开时，面对“大事变”，以毛泽东为核心的党中央以党的纲领的形式，突出地打出这一政治口号，产生了更加广泛而深远的影响。

毛泽东还提出两个策略转变，即作战方法由游击战转变到运动战，工作重心由乡村转向城市。关于运动战，他说：我们要有这个准备，事先要有清醒的头脑，以减少转变中的意见分歧。“现在我们要集中更大的兵力，以多胜少，去打敌人薄弱的地方”，“此外，还要转向正规化”。关于转向城市，他说：“现在要最后打败日本帝国主义，就需要用很大的力量转到城市，准备夺取大城市，准备到城市做工作，掌握大的铁路、工厂、银行。”尽管这些不是眼前的现实问题，但是“我们大会就已经指出这是明天的事，是一个大量的有普遍意义的东西。我们在这个问题上，如果犯了错误就不得了。如果我们对于工业问题，对于大城市问题，对于经济问题，对于军队正规化问题，不能解决，那共产党就要灭亡”。

关于东北问题，毛泽东认为这是一个极其重要的区域，要努力争取。他说，如果东北能在我们领导之下，我们就获得了一大块整个的根据地，这样就能改变长期以来革命根据地分散分布且没有工业的被动局面，我们就会有重工业和机械化的军队，而中国革命在全国的胜利就有了牢固的基础。

七大的路线、纲领、策略显示了鲜明的战略性和预见性，后来的实践证明，其符合历史发展规律，反映了中国人民的根本利益和要求，是马克思主义基本原理与中国实际相结合的光辉典范。

（四）周密做好应对“大事变”的最坏准备

尽管毛泽东对时局的走向作了乐观的判断，但是他仍然告诫全党：“不要以为我们的事业，一切都将是顺利的，美妙的。不，不是这样，事实是好坏两个可能性、好坏两个前途都存在着。”

在七大预备会上，毛泽东分析了中共的不利条件：“我们现在还没有胜利，力量还小，前面还有困难。我们有九十多万军队，但不是集中的，而是被分割的，打麻雀战；我们根据地有九千多万人口，但也不是一整块，也是被分割的；我们的敌人还很强大，有强大的日本帝国主义，还有国民党，这两个敌人不是一个类型的，一个守着我们的前门，一个守着后门。”

在1945年5月31日作七大结论报告时，毛泽东特别强调要“准备吃亏”，一口气讲了17条困难：要准备挨外国人的骂；国内大骂；准备被他们占去几大块根据地；准备被他们消灭若干万军队；伪军欢迎蒋介石；爆发内战；外国干涉，帮助蒋介石打我们；外国不承认我们；形势不利于我们时跑掉、散掉若干万党员；党内出现悲观心理、疲劳情绪；天灾流行，赤地千里；经济上没有搞好，发生经济困难；日本军队集中到华北，挤压我们；国民党暗杀我们的负责同志；党的领导机关发生分歧；国际无产阶级长期不援助我们；其他意想不到的事，等等。

毛泽东考虑到可能出现的困难，既有国际方面的，也有国内方面的；既有外部条件的，也有自身原因的；既有物质因素的，也有精神因素的，这些都是着眼于应对“大事变”，总结过去经验教训，基于现实情况而设想的。

准备吃亏，并不是对前途悲观失望，而是要克服困难，争取胜利。毛泽东接着又讲了“一定要胜利”的理由，有8条：暂时吃亏，最终胜利；此处失败，彼处胜利；一些人跑了，一些人来了；一些人死了，一些人活着；经济困难就学会做经济工作；克服天灾，太行根据地有经验；党内发生纠纷，使我们获得锻炼；没有国际援助，学会自力更生。这8条都是与困难并存的，或者被困难逼出来的。看起来是在说“一定要胜利”，其实是在讲如何坚定信心，该往哪个方向努力，怎样寻找办法。

毛泽东所讲的17条困难后来有的出现了，有的部分地遭遇了，但8条胜利的理由也分别应验了，全党没有出现措手不及的情况，因而也就能迅速作出战略调整和合理应对。

三、毛泽东为什么能从容应对“大事变”？

中共七大以“团结的大会，胜利的大会”而载入史册。在七大上，以毛泽东为核心的党中央高瞻远瞩，把握形势，统揽全局，抓住关键，果断决策，领导党和人民最终取得革命胜利。其间，毛泽东显露的洞察力、分析力和决策力令人折服。

（一）敏锐的预见性

毛泽东在七大的结论中用很大篇幅讲了增强领导预见性的问题。他说：“预见就是预先看到前途趋向。如果没有预见，叫不叫领导？我说不叫领导。”“坐在指挥台上，如果什么也看不见，就不能叫领导。坐在指挥台上，只看见地平线上已经出现的大量的普遍的东西，那是平平常常的，也不能算领导。只有当着还没有出现大量的明显的东西的时候，当桅杆顶刚刚露出的时候，就能看出这是要发展成为大量的普遍的东西，并能掌握住它，这才叫领导。”他进一步强调：“所谓预见，不是指某种东西已经大量地普遍地在世界上出现了，在眼前出现了，这时才预见；而常常是要求看得更远，就是说在地平线上刚冒出来一点的时候，刚露出一点头的时候，还是小量的不普遍的时候，就能看见，就能看到它的将来的普遍意义。”这些话在当时形势下是有深刻用意的，当然在今天也有普遍指导意义。

那么，怎样才能具有预见性呢？毛泽东提倡“多想”，他说：“我们要提倡想各种问题，多思多想，开动机器，开动脑筋。”他还提倡：想问题不要怕犯错误，“放下包袱，精神解放，轻装前进”；不要局限在党八股固定的框子里，要对具体问题作具体分析；不要只靠一个人分析，要大家来交换意见，要造成交换意见的空气和作风。

毛泽东在领导中国革命的历史进程中，总是想得很远，想得很多。他不是只忙碌地应付摆在眼前的种种具体问题，同时也能对未来可能出现的重大变动未雨绸缪，早作准备。他常常能够在事物处于“青萍之末”时，就充分预见它的发展方向；也常常像一个高明的棋手，在棋局刚刚开始的时候已经做好了“棋眼”，使一切尽在掌握之中。这种预见的能力，在“大事变”来临之前显得尤为珍贵。

（二）全局性的眼光

毛泽东向来主张要有全局性眼光。他指出：“马克思主义者看问题，不但要看到部分，而且要看到全体。”还形象地批评了只看局部不懂全局的人：“一个虾蟆坐在井里说：‘天有一个井大。’这是不对的，因为天不止一个井大。”

毛泽东在指导工作时，总是首先把力气用在观察和判断全局上，特别是敏锐地察觉出那些对全局发展变化有重要影响的新情况和新问题。

在延安的狭小窑洞中，毛泽东的目光没有局限于解放区，而是扩展到全中国和全世界。据吴冷西回忆，毛泽东对国际形势的关注是一贯的、经常的，有时是不分昼夜的。从红军到达陕北后，毛泽东经常夜间提着马灯到新华社抄收电讯的窑洞里来询问有什么新消息。在1942年底到1943年初斯大林格勒战役期间，他每天把《参考消息》上刊出的外国通讯社的重要国际新闻抄录下来。正是这种全局性视野，使毛泽东能够敏锐地注意到国际国内各种政治力量的分化组合，经过审慎的思考分析，不失时机地作出“大事变”来临的判断，并以此为依据，作出战略谋划。

毛泽东看问题站位高远，且尽可能关照全方位。抗日战争是一场抗击日本侵略的民族斗争，但是毛泽东从来没有仅仅看作是一场民族斗争，而是站在中国革命总战略的高度去认识它，把抗日战争看作实现中国革命总的战略目标的一个必经的历史阶段。他在抗战一开始就指出，我们的任务是要把民族革命与社会革命贯通起来，由民族革命贯通到社会革命。在毛泽东看来，民族斗争与阶级斗争具有统一性，帝国主义、封建主义、官僚资本主义统治下的中国人民不可能获得真正的独立和解放。毛泽东提出“建立联合政府”的具体纲领，就是基于高屋建瓴的全局性思考之上的。虽然这一目标后来由于国民党发动内战没有实现，但是放手发动群众、壮大人民力量的七大路线，无论对于民族革命还是无产阶级革命的胜利，都具有重要意义。

（三）善于抓住主要矛盾

毛泽东在七大上分析国际局势时特别强调抓住主要矛盾的问题。他说：“我们的同志要注意，要看大的东西，要看普遍的大量的东西。”“必须看到这些大事情，才能正确地进行分析，才能在分析时不会犯错误。”他这里所说的“大的东西”就是复杂矛盾中的主要矛盾及矛盾的主要方面。

毛泽东在 1937 年撰写的《矛盾论》中就将主要矛盾作为认识问题本质和找出解决办法的关键。他说：“无论解决任何问题，都应该以这个主要矛盾作为认识问题和解决问题的出发点。假若丢掉主要矛盾，而去研究细微末节，犹如见树木而不见森林，仍是无发言权的。”

在七大上，毛泽东正是根据马克思主义的矛盾观和主要矛盾理论，分析国际国内局势，排除各种表面现象的干扰，认识“大事变”的总体特征和阶段性特征，提出打败日本侵略者，建设新中国的方针、办法。针对国际局势经常是矛盾的、时好时坏的情况，他指出："苏联和各国人民的势力是一方，反动势力是另一方。前一种势力要使局势变好，第二种势力要使局势变坏，这样就要经常斗争。现在的世界就是一个矛盾的世界。"针对美国政府的扶蒋反共政策，他指出："现在的世界潮流，民主是主流，反民主的反动只是一股逆流。目前反动的逆流企图压倒民族独立和人民民主的主流，但反动的逆流终究不会变为主流。"根据毛泽东的论断，中国共产党人敢于放手发动群众，壮大人民力量，开展斗争，最终实现了国家独立和人民解放，建立了新中国。

毛泽东善于用矛盾分析的方法审视事物，通过对各种矛盾及其各个方面演化的分析，抓住主要矛盾，作出对事物发展进程的预见。这是他在思想方法、工作方法上留给我们的一笔宝贵精神财富。

（四）坚持独立自主精神

毛泽东在七大上多次讲到"独立自主"，他深刻总结中国革命24年的经验教训，从中国国情出发，摆脱苏联影响，坚持走中国式的革命道路。

在领导权问题上，毛泽东说："我们曾经犯过错误，忘记过领导权，忘记过农民群众。"他指出："力争领导权，力争独立自主的路线，是我们党中央的路线，是反映了全党大多数同志要求的路线，是反映了全国大多数人民要求的路线。这条路线是从哪里来的呢？是从天上掉下来的吗？不是。是从外国送来的吗？也不是。它是从中国自己的土地上生长出来的。""这条路线的正确性，现在已经完全可以证明得清清楚楚了。"

在处理外部关系上，毛泽东强调要把中国人民和中国革命的利益置于优先地位，绝不因为寻求外来支持和援助而在原则问题上作出妥协和退让。无论是在对待拥有独一无二强大实力的美国时，还是在对待有共同意识形态基础的苏联时，毛泽东都表现出强烈的独立自主的意识和倾向。

1945 年 5 月 31 日，毛泽东在七大上指出：战后中国有变成美国半殖民地的危险，“国民党削弱了，就不得不依赖美国，这样中国就可能变成以美国一个帝国主义国家为主统治的半殖民地。以美国为主控制国民党，英国可能插进一只小脚。这一变化将是一个长期的麻烦，我们共产党要好好准备，以应付这个变化”。另外，他还特别谈到美国可能实行对华武装干涉，指出要准备应付危机。6 月 2 日，他再次强调，“美国现在定下的方针是联蒋抗日、拒苏反共，全面称霸东方，决不会退让”，美国的政策是很危险的。

毛泽东十分重视苏联在远东乃至世界格局中的作用，但是没有套用教条主义来解决中国问题，更没有把胜利的希望寄托在苏联方面。毛泽东指出：要考虑到无产阶级国际不能援助中国革命的可能性，“还是按照过去那样，全党团结起来，独立自主，克服困难，这就是我们的方针”。

而正是这种鲜明的自主性，使得毛泽东能够在“大事变”中保持清醒头脑，不为外力所左右，作出的战略决策能够符合中国实际，保持稳定性和连续性。中共七大独立地制定了自己的路线、纲领和策略，使中国化的马克思主义——毛泽东思想成为党的指导思想。

（五）保持忧患意识

毛泽东在七大上设想可能遇到的多种困难，提醒全党在“大事变”中保持清醒头脑，反映了他强烈的忧患意识。

在七大预备会议上毛泽东就强调要谦虚：“我们必须谨慎谦虚，

不要骄傲急躁，要戒骄戒躁。”“在我们的历史上也有这样的教训，就是大不得，小了就舒舒服服，没有事情，一大就胀起来了，脑壳胀得很大，骄傲起来了，心里也躁了，躁得很。急躁和骄傲是连在一起的，骄傲就要急躁，急躁的人没有不是骄傲的、不谨慎的、粗枝大叶的。”“我们要英勇奋斗，但又要谦虚谨慎。”

在七大的结论报告中，毛泽东还特别强调：“我们要把估计放在最困难的基础上，可能性有两种，我们要在最坏的可能性上建立我们的政策。”

毛泽东在七大报告中关于17条困难的预计，充分体现了中国传统文化中“为之于未有，治之于未乱”的忧患意识。他既看到前进道路上的重重困难，又做好防患于未然、克服困难的充分思想准备。特别是最后一条“其他意想不到的事”耐人寻味。无论怎样周密的设想，都不可能涵盖一切，总会有预料不到的“黑天鹅”“灰犀牛”。毛泽东加上这一条，特别提醒全党，不要只注意设想到的困难，许多事情是意料不到的，但是一定要准备对付非常的困难和非常的不利情况。这样当困难到来时，才不会惊慌失措。毛泽东这种忧患意识，是一种理性的自信。越是在胜利的时候，越要有一种应付重大事变或艰险的精神准备。

毛泽东在“大事变”来临之时，保持忧患意识，以超前的战略眼光筹划未来，从而牢牢把握了领导中国革命和党的自身建设的主动权，并激发奋斗图强、战胜困境的决心和勇气。他所讲的17条困难，给在场的代表们留下了深刻印象。有的代表就说：“毛主席这种从最坏处着想争取最好前途的思想，是他一贯的思想。给人的启发是非常深刻的。任何时候，对于做好各种工作都是非常重要的。”

当今世界正经历百年未有之大变局，我国也正处于实现中华民族伟大复兴关键时期。习近平指出：“当今世界正处于大发展大变革大调整时期，我们要具备战略眼光，树立全球视野，既要有风险忧患意识，又要有历史机遇意识，努力在这场百年未有之大变局中把握航向。”虽然今天我们面临的形势任务与70多年前有很大不同，但毛泽东应对“大事变”的思想方法和工作方法仍有宝贵的思想启迪和精神激励意义，值得我们在新的历史条件下发掘它，学习它，发展它。

（作者系中共中央党史和文献研究院第二研究部毛泽东思想与新民主主义革命时期党史研究一处处长、二级巡视员）

试析邓小平的忧患意识*

许开轶

忧患意识“是通过反思历史和观照现实所产生的忧国忧民的社会意识，是力求突破现实和历史的局限，积极进取的思想意识，是对国家民族命运和民生疾苦的关切而升华的社会责任感”，它是中华民族人文精神的基本特征之一，是一种深沉而博大的爱国主义情怀。伟大的革命家、中国改革开放的总设计师邓小平在其光辉的一生中，无不受到忧患意识的驱动。

一

邓小平的忧患意识不是凭空产生的，而是在中国传统文化土壤中生根开花结果，源于其革命的实践；既是对中国传统忧患意识的批判继承，又是对我党优良传统的继承发展；既来自于他对历史的深刻反思和对国情的清醒认识，又来自于他放眼世界，纵览国际局势所获得的对国家和民族前途、命运的强烈责任感与警觉。

（一）继承了历史传统、植根于革命实践。自古以来，忧国忧民、以天下为己任，一直是中华民族仁人志士高风亮节与伟大人

---

* 节选自《当代世界与社会主义》2003 年第 5 期，收录时略有改动。

格的重要标志。他们或基于对灾难深重的现实生活不满，或基于对现实的弊端而产生的对政权巩固的担忧，或是基于对外族侵入使国家面临灭亡的危险，而产生了极其强烈的忧国家之衰亡、忧民生之多艰的忧患意识。

邓小平于五四运动之后毅然投身于中国反帝反封建的革命洪流，16 岁便远渡重洋赴法勤工俭学，寻求救国救民之真理。在其随后的漫长革命生涯中，无论遇到什么困难险阻、挫折打击，邓小平始终把他的忧国、忧民之情与伟大的中国革命和社会主义建设实践相结合，进行了不懈地探索与创新，通过解放思想、实事求是、不断开拓，熔铸成了他那饱含历史沧桑又极富个性魅力的忧患意识。

（二）深刻反思历史、清醒认识国情。邓小平善于总结历史的教训，他曾多次告诫青年人不要忘记鸦片战争以来中国人民可歌可泣的争取民族独立的革命历史，一切都要着眼于团结奋斗，振兴中华民族。他曾对来访的外国客人说："我是一个中国人，懂得外国侵略中国的历史。当我听到西方七国首脑会议决定要制裁中国，马上就联想到一九〇〇年八国联军侵略中国的历史。七国中除加拿大外，其他六国再加上沙俄和奥地利就是当年组织联军的八个国家。要懂得些中国历史，这是中国发展的一个精神动力。"对于我国社会主义建设过程中的经验教训他更是深有感触，曾深刻地指出："中国社会从一九五八年到一九七八年二十年间，实际上处于停滞和徘徊的状态。"这种深刻的历史反思使邓小平对我们国家的处境和现状时刻抱有警惕之心。

除了有对历史的深刻反思之外，邓小平还对我国的基本国情有着清醒、实在的认识。他反复讲到，中国的国情有两个重要的特点，"一个是底子薄"，"第二条是人口多，耕地少"，虽然几十年经济建设取得了巨大成就。但"现在中国仍然是世界上很贫穷的国家之一"，"中国是一个大国，它应该起更多的作用，但现在力量有限，名不副实”，“我们搞社会主义才几十年，还处在初级阶段。巩固和发展社会主义制度，还需要一个很长的历史阶段，需要我们几代人、十几代人，甚至几十代人坚持不懈地努力奋斗，决不能掉以轻心”。正是在正确把握国情的基础上，邓小平才能以高远的视角，看清国家民族隐患之所在，切中时弊，找准了我国所处的历史地位，使人们产生强烈的历史使命感，成为国家民族前进的动力。

（三）放眼世界、纵览国际局势。邓小平多次强调：中国的发展离不开世界。“人们的思想不能不变”。中国的发展，不仅要把立足点放在中国的国情上，而且要把中国的发展同世界的发展联系起来同步考察。当今世界，新科技革命日新月异，极大地推动了世界各国生产力的发展。在世界新技术革命的大潮面前，邓小平深深地感到，我们再不重视科学技术，就要更加落伍了。为此，他创造性地提出了“科学技术是第一生产力”的崭新观点，要求以科教兴国，在忧患中实现腾飞。20 世纪 80 年代末 90 年代初，东欧剧变、苏联解体，使国际共产主义运动和世界社会主义事业遭受了严重的挫折。西方资本主义敌对势力趁机大肆叫嚷“社会主义全面失败”。一些社会主义国家在改革中出现了一些问题，也使缺乏马克思主义理论根基的人认为社会主义时代已经过去，社会主义已经失败。面对这种现状，邓小平十分忧虑，他指出：“西方国家正在打一场没有硝烟的第三次世界大战。所谓没有硝烟，就是要社会主义国家和平演变。……西方国家对中国也是一样，他们不喜欢中国坚持社会主义道路。……如果中国搞资产阶级自由化，那末肯定会有动乱，使我们什么事情也干不成，我们制定的方针、政策、路线、三个阶段发展战略的目标统统告吹。”针对亚洲一些国家和地区 20 世纪 70、80 年代经济的较快发展，邓小平也未雨绸缪地指出：“过去我们比上不足、比下有余，现在比下也有问题了……我们面临着这么一个压力，算做友好的压力吧。”1990年3月，他在同中央几位负责同志谈话时又说：“现在特别要注意经济发展速度滑坡的问题，我担心滑坡。百分之四、百分之五的速度，一两年没问题，如果长期这样，在世界上特别是同东亚、东南亚国家和地区比，也叫滑坡了。”因此要坚持发展是硬道理，坚持加快发展自己。

邓小平正是把中国的发展同世界历史的转折及国际环境紧密联系起来，放眼世界，纵览国际局势，立足中国认识世界，立足世界认识中国，从而能忧别人所不及忧，使其忧患意识的境界远远高于常人。

二

忧患意识有两种情况：一种是处在困难处境中的忧患意识，一种是处于顺利处境中的忧患意识。结合中华文化、民族历史的传统，姑且可把之分别称作救亡图存忧患意识和居安思危忧患意识。这两种忧患意识在邓小平身上均有着具体的体现：

（一）邓小平的救亡图存忧患意识。这主要表现在新民主主义革命和“文化大革命”期间。在邓小平参加革命时期，中国内忧外患，主权遭到破坏，军阀长期混战。因此，邓小平对帝国主义和封建军阀的统治极为愤慨，对中华民族的生存心存忧虑。特别是抗日战争期间，邓小平的救亡图存忧患意识越发炽热。他在《动员新兵及新兵政治工作》一文中曾写道：国家已经到了“存亡绝续”的关头！“新兵动员方式的改善，与部队政治工作的加强，将配合着战略战术的进步，锻炼出最大数量的有优良技术的有最高战斗力量的国防军队，最后战胜日本帝国主义”。

“文化大革命”是新中国历史上空前的浩劫，天下大乱，“整个社会处于停滞状态”。看到党的事业遭到严重危害，人民的利益受到巨大损失，邓小平心急如焚。处于忧虑之中的邓小平时时考虑着如何解救国家的内乱和人民的灾难，思考着祖国的前途、人民的命运。他把个人的一切利益置之度外，凭着历史责任感，尽己所能，尽可能为党和国家挽回损失。1975 年，邓小平刚刚复出，虽身处逆境，仍顶着压力，冒着风险，大刀阔斧地进行治理整顿，努力安定社会秩序，把国民经济搞上去。粉碎“四人帮”后，他又奋力冲破“两个凡是”方针的严重束缚，支持和领导开展真理标准问题的大讨论，从而破除了迷信，解放了人们的思想。可以说，中华民族忧国忧民之士为国为民的大无畏精神在邓小平身上得到了充分体现。

（二）邓小平的居安思危忧患意识。新中国成立初期，社会主义建设事业取得了初步成就，这时的邓小平既为所取得的成绩欢欣鼓舞，同时也不忘“居安思危”。1957 年 4 月 8 日，他在西安干部会议上作报告指出：“在中国来说，谁有资格犯大错误？就是中国共产党。犯了错误影响也最大。因此，我们党应该特别警惕。”他还强调，不要被胜利冲昏头脑，“切不可过分夸张自己的成就，切不可把我们的事情说得太美满了”。

1978 年党的十一届三中全会以后，我国开始实行全面的改革开放政策，各项事业蓬勃发展，经济快速增长，综合国力大大提高，社会主义现代化建设呈现崭新的局面。而随着改革开放的一步步深入，邓小平居安思危忧患意识的丰富内涵也不断展开，概括起来主要集中表现在其忧国、忧民、忧党三个方面：

一是忧国，忧国家之稳定、忧国家之安全与统一。“文化大革命”结束以后，中国出现了来之不易的政治安定局面。从那时起，邓小平就一再告诫党内外同志一定要珍惜安定团结的大好局势。每到关键时刻，他总是提醒和告诫全党注意保持安定的政治环境，并及时采取适当措施，把保持安定的思想化为实践。1986 年冬和 1987 年春，由于资产阶级自由化思潮的影响，极少数人别有用心地煽动学生闹事。邓小平强调:“中国要实现四个现代化，摆脱落后状态，必须有一个安定团结的政治局面，必须有领导有秩序地进行建设。”关于国家的安全和统一也是邓小平一直忧虑的大问题。在能否和平统一台湾问题上，在能否顶住帝国主义压力，维护中国的社会主义制度、主权和领土完整等一系列问题上，邓小平表现的居安思危的忧患意识都值得我们认真思索。邓小平多次说，“只要台湾不同大陆统一，台湾作为中国领土的地位是没有保障的，不知道哪一天又被别人拿去了”，“现在国际上有好多人都想在台湾问题上做文章”，“但万万不可让外国插手，那样只能意味着中国还未独立，后患无穷”。他反复告诫，“国家的主权和安全要始终放在第一位”，“美国现在有一种提法：打一场无硝烟的世界大战。我们要警惕”。“整个帝国主义西方世界企图使社会主义各国都放弃社会主义道路，最终纳入国际垄断资本的统治，纳入资本主义的轨道。现在我们要顶住这股逆流，旗帜要鲜明”。

二是忧民，忧人民生活之困苦、忧人民素质之低下。邓小平本着一切为了人民、一切依靠人民，把人民的利益作为一切工作的出发点和归宿点的根本宗旨，把对国家的忧患落实在对人民的忧患上，忧人民的生活水平，忧人民的文化素质，忧人民的道德水平。他多次说道，“不发展生产力，不提高人民的生活水平，不能说是符合社会主义要求的”，“我们一定要根据现有的有利条件加速发展生产力，使人民的物质生活好一些，使人民的文化生活、精神面貌好一些”。针对我国人口中文盲众多，文化素质低下，以及受资产阶级腐朽思想侵蚀，在一部分人中产生享乐主义、拜金主义等现象，他一针见血地指出，“十年最大的失误是教育”，一定要花大气力提高国民的整体素质。

三是忧党，忧党的执政地位、忧党的作风。近些年来，党所面临的国内国际形势发生了巨大的变化，我们党在思想、组织、作风等方面都出现了一些不容忽视的问题，邓小平对此忧心忡忡。

他语重心长地说："中国要出问题，还是出在共产党内部。"他忧心于党，更坚持从严治党，他多次强调"关键是把我们共产党内部搞好"，"这个党该抓了，不抓不行了"。他强调在党的各个方面，即党的思想建设、政治建设、组织建设和制度建设都要贯彻从严治党的要求，首先要从端正党风、惩治腐败和密切党同人民群众的联系上从严治党，他指出："在整个改革开放过程中都要反对腐败。对于干部和共产党员来说，廉政建设要作为大事来抓。"

三

忧患意识作为人的一种意识，遵循着这样的规律，人的意识不仅反映客观世界，而且创造客观世界，它对客观现实具有自觉的能动作用。意志消沉的狭隘的或消极的忧患意识必然会导致对忧患意识的扭曲，对社会历史的进程起到延缓的不良作用。只有那种以宽广的胸襟、开阔的视野，把忧患与民族自尊心、自豪感、自信心相结合的忧患意识才是积极健康的忧患意识，才能推动历史的发展、社会的进步。邓小平的忧患意识堪称是积极健康忧患意识的典型。

（一）忧患意识与历史机遇意识相结合。邓小平的深沉的忧患意识是同他强烈的历史机遇意识紧密相连的。邓小平在领导中国对外开放过程中特别强调要把握机会，并非常及时地提出对内搞活、对外开放的基本国策。进入20世纪90年代，东欧剧变，苏联解体，世界进一步趋向多极化。邓小平据此深刻地指出，如果我们再错过20世纪留给中国的最后一次机会，那么在21世纪的世界民族之林中，就很难有社会主义中国的立足之地。他说："要抓住机会，现在就是好机会。我就担心丧失机会。不抓呀，看到的机会就丢掉了，时间一晃就过去了。"1992年他在南方谈话中，再次强调，对外开放胆子要大一些，千万不能再丧失机遇。

（二）忧患意识与乐观主义相结合。邓小平的忧患意识忧患而不消沉，忧心与信心相伴，忧患与奋发腾飞相连。在新民主主义革命时期，邓小平一方面对国家民族前途命运忧心忡忡，但另一方面无论遇到多大的困难与挫折，他都坚信马克思主义、社会主义一定能救中国。并带着这一强烈的信念积极投身革命实践中，表现出了老一辈无产阶级革命家伟大的革命乐观主义情怀。改革开放时期，他一方面告诫我们要居安思危，另一方面也反复地教导我们要有民族的自豪感与自信心。他说："我们还落后。但是，我们确实很有希望。""悲观是没有根据的。扎扎实实抓它几年，中华民族教育事业空前繁荣的新局面，一定会到来。"20 世纪 80 年代末 90 年代初，东欧和苏联剧变，世界社会主义运动暂时处于低潮，对中国的社会主义事业带来了巨大的冲击。邓小平一方面担心，"现在的问题不是苏联的旗帜倒不倒，苏联肯定要乱，而是中国的旗帜倒不倒"；另一方面他又以乐观的情怀、高屋建瓴的气概指出："中国的社会主义是变不了的。中国肯定要沿着自己选择的社会主义道路走到底。谁也压不垮我们。只要中国不垮，世界上就有五分之一的人口在坚持社会主义。我们对社会主义的前途充满信心。"邓小平在忧国家经济落后的同时，又坚信我国现代化建设的目标一定能够实现；在忧国家的教育落后、人民文化素质低的同时，又坚信我们的教育和科学一定能够赶上和超越世界发达国家的水平；在对党充满忧虑的同时，又坚信党能够把自身建设好，能够成为建设有中国特色社会主义的坚强核心。

（三）忧患意识与实干精神相结合。邓小平把忧患意识紧紧扎根在对现实的理性思考上，将忧患意识与民族自豪感、自信心相统一，特别是把忧患意识与实干精神相结合，从而使其价值实现达到前所未有的高度与境界。邓小平是个伟大的战略家，也是个实干家，"多办好事，多做少说"是他经常强调的一句名言，他所说的“摸着石头过河”等都是鼓励人们去努力实践，踏实工作，多干实事。他本人也是身躬亲至，积极把忧患意识转化为外在行为，付诸行动。

总之，邓小平忧患意识是对国家民族前途命运寄以深切忧虑的理性认识，反映了邓小平高瞻远瞩的远见卓识、心系天下的崇高思想境界和公而忘私的忧国忧民精神，是他留给中国人民的一笔宝贵的精神财富，它对于激发中国人民建设有中国特色社会主义事业的责任感、使命感和危机感，具有恒久不衰的科学价值和深远重大的现实意义。

（作者系南京师范大学公共管理学院院长、教授）

江泽民忧患意识论析*

魏继昆

江泽民在中国共产党第十六次全国代表大会上的报告中指出："面对很不安宁的世界，面对艰巨繁重的任务，全党同志一定要增强忧患意识，居安思危，清醒地看到日趋激烈的国际竞争带来的严峻挑战，清醒地看到前进道路上的困难和风险，倍加顾全大局，倍加珍视团结，倍加维护稳定。"笔者认为，这是盛世而作危言，是中国共产党人的历史使命感和责任感的充分体现。深入学习和研究江泽民的忧患意识，对于全面建设小康社会，加快推进社会主义现代化，开创中国特色社会主义事业新局面有着重要的理论意义和实践意义。

一、忧国意识

"生于忧患，死于安乐"，"忧劳可以兴国"，这是我国的古训。江泽民也以此为训，不断地警醒全党。关于他的忧国意识，概言之，就是忧综合国力不强。主要是：

其一，忧生产力不够发达。新中国成立以来，我国的社会生

---

* 节选自《党的文献》2003年第3期，原题为《盛世危言：江泽民忧患意识论析》，收录时略有改动。

产力以旧中国从来没有的速度迅猛发展。但是，以江泽民为代表的中国共产党人清醒地认识到，我国“人口多，底子薄，地区发展不平衡，生产力不发达的状况没有根本改变”。正因为如此，江泽民在党的十六大报告中进一步指出：“马克思主义执政党必须高度重视解放和发展生产力。”

其二，忧祖国未完全统一。党的十一届三中全会以来，在“和平统一、一国两制”基本方针指导下，经过两岸同胞、港澳同胞和海外侨胞的共同努力，两岸人员往来和各领域的交流蓬勃发展。但是自20世纪80年代初以来，“台独”活动趋于猖獗。对此，江泽民1995年1月在《为促进祖国统一大业的完成而继续奋斗》的讲话中指出，上述活动“不仅阻碍着中国和平统一的进程，而且威胁着亚太地区的和平、稳定和发展”。他呼吁：“所有中国人团结起来，高举爱国主义的伟大旗帜，坚持统一，反对分裂。”

其三，忧生态环境恶化。新中国成立之后，在生态环境建设方面曾作出巨大努力，取得了很大的成绩。但是应当承认，我国自然生态环境仍很脆弱，生态环境恶化的趋势没有被彻底遏制住。如1998年11月国务院公布的《全国生态环境建设规划》指出：水土流失日益严重；荒漠化土地面积不断扩大；大面积的森林被砍伐，天然植被遭破坏；草地退化、沙化和碱化面积逐年增加；生物多样性受到严重破坏。针对日益恶化的生态环境，江泽民特别强调：“要加强生态环境保护和建设，实施天然林资源保护工程，绿化荒山荒地，对坡耕地有计划有步骤地退耕还林还草，为实现山川秀美而不懈努力。”

其四，忧国防建设薄弱。在迎接世界军事发展挑战的过程中，我国的国防建设虽然取得了重要成就，但受国情制约，我军在武器装备、情报侦察、通信联络、指挥控制、联合作战、后勤保障等一些基本方面，与发达国家军队之间存在着较大的差距。对此江泽民向全军特别是军队干部指出：“邓小平同志早就指出，我们的部队打现代化战争的能力不够，各级干部指挥现代化战争的能力也不够。这个问题到现在还没有根本解决。”

二、忧民意识

忧国必忧民。江泽民同毛泽东、邓小平一样，有着强烈的忧民意识。这种意识主要表现在两个方面，即忧贫与忧愚。所谓忧贫，不是忧从前那种人民生活的绝对贫困，而主要是忧人民生活水平特别是农民和弱势群体的生活水平提高不迅速。自改革开放以来，国家逐渐富强，人民逐步富裕。但我国人民的生活水平还不高，正如江泽民所指出的：“与发达国家相比，我国人民的生活水平还比较低，贫困人口、下岗职工等相当一部分群众的生活还相当困难，人民对改善生活的期望很强烈。”“我国农村贫困人口还有几千万人，这是一个不小的数字……时至今日，老区人民中还有不少人过着缺吃少穿的日子，各级领导干部都应为此而寝食不安。”

所谓忧愚，主要是指在实现现代化过程中，对人们头脑中存在的非现代的愚昧观念及其行为的忧虑。实践证明，社会主义现代化的中国，不仅要彻底消灭阻碍人民物质生活水平提高的贫穷，更要彻底消灭束缚人民精神生活发展的愚昧。在一定意义上说，愚昧比贫穷更可怕，更顽固。消灭愚昧比消灭贫穷更艰难。新中国成立以来，虽然摆脱了贫穷与落后的面貌，但是，由于我国教育科技文化还不发达，发展也不平衡，由于长期存在封建主义文化残余的影响，一些封建迷信和愚昧落后的东西在群众中还有一定的市场，一些新形态的迷信、伪科学时有泛起。对此，江泽民十分忧虑地指出，连基本的科学精神都没有，怎么谈得上推动科技进步呢？

三、忧党意识

在实行改革开放和发展社会主义市场经济的条件下，建设一个什么样的党、怎样建设党，是一个重大的现实问题，直接关系到我们党和国家的前途命运。正因为如此，江泽民的忧党意识尤为深切。

其一，忧脱离群众。江泽民指出：“作为执政党，必须高度关注党与群众的关系问题、人心向背问题。”并认为这“是决定一个政党、一个政权兴亡的根本性因素”。把党群关系密切与否，提到了执政党生死存亡的战略高度。由于历史和现实的原因，某些地方腐败现象滋生，侵蚀着党的肌体，严重威胁党群关系。这种状况，使江泽民处于深深的忧虑之中。他说，腐败现象问题“一直在我的脑海中盘旋，也一直是我深深思考的问题”。他在深刻反思和总结历史与现实后认为：在新的历史条件下，必须深入开展党风廉政建设和反腐败斗争，坚决揭露和惩处腐败分子。“因为不这样做，我们就要脱离群众，就有亡党亡国的危险”。

其二，忧治党不严。在新的形势下，党内经常产生一些不容忽视的问题：如一些地方和单位的党组织及其领导者治党不严，对领导干部疏于教育、管理和监督；又如有些地方和单位的领导班子软弱涣散，思想上政治上不强，不能正确处理经济发展与党的建设的关系，党不管党的问题没有彻底解决。凡此种种，实在令人痛心和忧虑。所以，江泽民一针见血地指出：“如果治党不严，纪律松弛，组织涣散，发展下去不是没有亡党亡国的危险啊！”

其三，忧创新不足。自20世纪90年代以来，江泽民一再强调指出，创新是一个民族的灵魂，是一个国家兴旺发达的不竭动力，也是一个政党永葆生机的源泉。十一届三中全会以来，中国共产党人开拓创新，锐意进取，这是主流。但是在现实生活中，确实有一些党员干部对国际形势的重大变化和国内社会主义现代化建设所面临的新情况、新问题心中无数，对现代科学技术革命迅猛发展的趋势不甚了解，对执政党执政条件与环境的新变化缺乏足够的认识。思想意识严重落后于不断发展变化的客观实际。特别是安于现状、因循守旧、不思进取、无所作为的思想意识还严重地存在着。因此，江泽民告诫全党，尤其是党的领导干部，“如果因循守旧，停滞不前，我们就会落伍，我们党就有丧失先进性和领导资格的危险。”

其四，忧领导人素质不高。“中国的社会主义事业能不能巩固和发展下去，中国能不能在未来激烈的国际竞争中始终强盛不衰，关键就要看我们党能不能培养造就一大批高素质的领导人才。”这是2000年6月江泽民在全国党校工作会议上的讲话中特别指出的。中国共产党干部队伍的主流是好的，这毋庸置疑。但同时也必须看到：在我们的干部队伍中，尤其是领导干部，确有相当一部分的素质特别是政治素质不适应党的事业发展要求；有的干部政治上还不够成熟，在思想作风和组织纪律上还需要进一步锻炼；有的干部不认真学习党的理论和政策，不注意大局，不注意政治等等。总之，在党性修养、世界眼光、战略思维、理论素养等素质方面，还存在诸多问题。其“根本症结在于不学习，不注意提高自己的思想政治素质，头脑里缺乏马克思主义和社会主义的政治”。因此，江泽民在党的十六大上再次强调，在党的干部培养问题上，“按照革命化、年轻化、知识化、专业化方针，建设一支能够担当重任、经得起风浪考验的高素质的领导干部队伍，特别是培养造就大批善于治党治国治军的优秀领导人才，是党和国家长治久安的根本大计”。

（作者系天津师范大学教授）

正视“四个危险”：胡锦涛的忧患意识*

周尚文　陆迪民

胡锦涛在庆祝中国共产党成立90周年大会上的讲话中提出我们党依然面临的巨大挑战和“四个危险”的警示，要求我们增强忧患意识、居安思危。

一、精神懈怠的危险

精神振奋、精神昂扬、精神懈怠、精神颓废，都是指一种精神状态。精神懈怠虽然不如精神颓废那样严重，但同样是一个危险的信号。一个人、一个组织、一个政党、一个民族乃至一个国家都要有一种精神，这里指的是要有一种不畏艰险、振作有为、积极向上的精神，这种精神能激励人们在困难面前不屈服、在挫折面前不退缩、在成功面前不骄傲、在辉煌面前不自满。90年来，我们党从小到大，从弱到强，从苦难走向辉煌，在历史上不同时期培育出了不同的时代精神，从革命年代的井冈山精神、长征精神、延安精神、西柏坡精神，到建设时期的大庆精神、“两弹一星”精神、雷锋精神、焦裕禄精神，再到改革岁月的载人航

---

* 节选自《思想理论教育》2011年第17期，原题为《正视“四个危险”增强忧患意识》，收录时略有改动。

天精神、抗震救灾精神等。这些精神彰显政党性质、反映民族特色、体现时代要求、凝聚各方力量，不仅是一笔宝贵的政治财富，激励和鼓舞着一代又一代的共产党人艰苦奋斗，不怕牺牲，勇往直前，更已经成为我们党战胜困难、创造辉煌的强大精神支撑，是100多年来中国人民追求独立、民主、富强的时代精神的集中体现，是90年来中国共产党领导革命、建设和改革实践的凝练升华。

总体上说，我们这个拥有8000多万党员的大党、老党仍然保持着生气勃勃、与时俱进的精神状态，但不容忽视的是，辉煌的成就和长期的执政地位容易使一个党骄傲自满，止步不前，不求创新，得过且过，产生精神懈怠。不可否认，当前一部分党组织和党员中存在精神懈怠的现象，主要表现为缺乏理想信念，缺乏积极进取的精神，缺乏宗旨意识、大局意识和责任意识，而这种由于精神懈怠造成的不重视学习、不思进取、思想日趋保守、失去昂扬的斗志和革故鼎新的精神状态，已经造成一定的严重后果。

当前，党内精神懈怠主要表现在以下几个方面：在思想上，安于现状，不求上进；精神消沉，信念失落；满足于眼前的成绩，沉湎于过去的“老本”；骄傲自满，故步自封；忽视学习，对理论学习和业务培训均不感兴趣；更有甚者，看破红尘，不信马列搞迷信。在工作上，缺乏开拓创新、破解难题的精神和勇气，“为官一届，求稳第一”，遇到问题“绕着走”，做“太平官”，不求有功，但求无过；对比较棘手的社会矛盾和问题不敢碰，逃避责任，无所作为，致使一些问题久拖不决，矛盾激化，丧失解决问题的最佳时机。在生活上，自我心理防线不坚定，自身廉洁要求不过关，贪图享受，好逸恶劳，萎靡不振，容易受到外界的诱惑和不良风气的侵蚀。值得注意的是，一些任期将至或临近退休的同志，存在“船到码头车到站”的思想，不能忠于职守，站好最后一班岗。

虽然我们国家已经取得了举世瞩目的伟大成就，但同世界上一些发达国家之间的差距依然相当大，在任何成就面前，我们没有丝毫理由自满，决不能躺在过去的功劳簿上。“实践发展永无止境，认识真理永无止境，理论创新永无止境。”面对空前复杂的国际国内局势，中国共产党人更要大力弘扬与时俱进、勇于创新的精神，以人为本、勇做先锋的精神，实事求是、勇于担当的精神，艰苦奋斗、甘于奉献的精神，以理论创造的新成果推动事业实现新发展，不断开创中国特色社会主义新局面，不断创造党和人民事业新辉煌。

二、能力不足的危险

我们处在社会转型的关键时期、改革开放的攻坚时期，面临“任务的艰巨性、复杂性、繁重性世所罕见”，新情况新问题新挑战不断涌现，要求我们党努力提高解决各种复杂问题的能力。作为一个正在和平崛起的大国的执政党，主要是要提高执政能力和执政水平，才能经受各种复杂的、严峻的考验，才能永远立于不败之地。党的十六届四中全会通过了《中共中央关于加强党的执政能力建设的决定》，要求不断提高驾驭社会主义市场经济的能力，发展社会主义民主政治的能力，建设社会主义先进文化的能力，构建社会主义和谐社会的能力，以及应对国际局势和处理国际事务的能力。

由于我们所面临的挑战和考验是其他国家所没有遇到的，其解决之道也没有成功的经验可循，在以变革、转型、创新为显著特征的当今时代，新事物、新知识、新科技大量涌现，不少党组织、党的干部和党员出现不适应的状况，主要表现为估量新形势、处置新问题的能力不足。如果不重视化解这个危险，后果同样是严重的。

这种能力不足的危险主要表现为：发展是执政兴国的第一要务，坚持改革开放，建立完善的社会主义市场经济体制，是经济发展的动力和目标。然而，市场经济有其自身的规律，不同阶段的重点也不相同，因此，提高驾驭市场经济的能力，就成为不少干部必须经常关注的问题。在现阶段，由于国际金融危机的冲击和国内劳动力成本的增加、人口红利的逐渐消失，靠大规模出口维持经济快速增长难以维持，经济转型势在必行，一些党员干部习惯于旧思维和老办法，缺乏创新思维和解决之策，在新形势下显现出驾驭市场经济的能力不足，影响全面、均衡、科学地发展。在社会管理上，缺乏危机管理意识，在应对突发事件时，表现为应急预案不够完善、反应不够灵敏、处置不够果断、资源调配不够到位，缺乏解决复杂问题的综合能力，造成人民群众生命财产的损失和次生灾害发生，使负面影响进一步扩大。近年来，各地相继出现一些突发事件，不仅包括自然灾害，还包括群体性事件、生产安全事件、食品卫生安全事件等，一些干部在应对和处理这些事件时明显缺乏新思维、新方法，害怕群众申诉，害怕媒体介入，缺乏依法执政的本领。此外，面对社会转型时期群众多元化的利益诉求，缺乏化解社会矛盾、做好群众思想工作的能力，部分党员干部在破解难题、应对新事物新挑战时常遭遇“老办法不管用、新办法不会用”的尴尬局面。所有这些，都是新形势下能力不足的表现。

能力不足并不可怕，可怕的是，有的干部看不到或者不承认自己能力不足。党的干部都在不同的岗位上为国家建设事业服务，能力不足就会使党和人民的利益受到损害。对于能力不足，关键是要加强学习，努力实践，增强本领。我们党曾经专门有一个词形容能力不足——“本领恐慌”，其历史可以追溯到民主革命时期，毛泽东在谈到共产党领导中国革命时曾提起“本领恐慌”的问题。

在革命转折关头，全党很不适应，思路转不过来，出现“本领恐慌”。有恐慌不可怕，关键是怎样克服它，有办法才是最重要的。当年共产党人没有回避“本领恐慌”的问题，而是直面“本领恐慌”，在能力不足危机感的鞭策下，不断进行理论创新，解决新问题，探索新道路，始终保持昂扬的精神斗志，克服了一个又一个前进中的困难，把“本领恐慌”、能力不足变为切实提高自身能力的动力。

在新时期，面对能力不足，我们要继承党的优良传统，一方面，要加强学习，接触新事物、学习新方法、掌握新本领、解决新问题，要通过党员自学和各级党校、行政学院的培训相结合，提高我们党应对复杂局势的能力、驾驭市场经济的能力、拒腐防变和抵御风险能力。各级干部如果不抓紧提高自己，不努力增强干事创业的本领，就无法顺应改革发展的客观要求，无法完成光荣而艰巨的历史任务，更无法赢得人民群众的满意和好评。另一方面，加强党的组织建设，聚集人才，要把各方面的优秀人才、民族的中坚力量聚集到党内来，使我们党永远保持中国工人阶级先锋队和中华民族先锋队的本色，为党和人民事业发展提供有力的组织保证。一个人的能力，都是通过刻苦学习、奋力实践培育起来的。我们党正在开创着前人从未做过的伟大事业，只要各级干部虚心学习，投身实践，在游泳中学会游泳，就能够克服能力不足，把自己培养成为一个德才兼备、适应事业发展需要的优秀人才。

三、脱离群众的危险

2011 年的“七一讲话”指出：“90 年来党的发展历程告诉我们，来自人民、植根人民、服务人民，是我们党永远立于不败之地的根本。”“全党同志必须牢记，密切联系群众是我们党的最大政治优势，脱离群众是我们党执政后的最大危险。我们必须始终把人民利益放在第一位。”良好的党群关系是实现党的伟大事业的社会基础，党的事业唯有获得最广大人民的支持才有成功的基础。在民主革命时期，我们党既没有掌握国家权力，也缺少金钱、物资和财富，但我们拥有最主要的、最大的资源——民心。这民心是我们党通过为民族独立、人民解放而英勇奋斗、流血牺牲赢得的；是党依靠制定符合民心的政策、依靠全心全意为人民服务的行为和先锋模范作用获得的。抗战时期，美国军事观察团来华考察后，得出一个结论说：国民党占有大片土地，而共产党则占有大片人心。我们党正是发挥了密切联系群众、“得民心”的政治优势，才最终取得了民主革命的胜利，建立了新中国。同样，由于充分发挥了我们党密切联系群众的政治优势，我们才取得社会主义建设和改革开放的伟大成就。

但是，这种密切联系群众、“得民心”的政治优势也不是一劳永逸的。过去拥有不等于现在拥有，现在拥有不等于永远拥有。我们必须清醒地认识到，在长期执政的背景下，党的最大危险就是脱离群众。

在执政时期，党政干部都掌握大小不同的权力，如果不能正确对待自己手中的权力，不能正确对待群众，就会从人民的公仆变为脱离群众甚至欺压群众的“官老爷”，当前部分干部脱离群众的危险就表现在这里。一是官僚主义，门难进、脸难看、话难说、事难办；对待人民群众的冷暖漠不关心，对待困难群众的诉求置之不理，敷衍推诿。二是形式主义，热衷于搞政绩工程，为官不是问政于民，而只关心“自己的仕途”“头上的帽子”，于是，一些地方的“政绩工程”“面子工程”最终演变成“事故工程”“问题工程”，许多巨大的浪费和人为的事故，就是这样造成的。三是主观主义，开展工作不是真心实意、实事求是地开展调查研究，而是从主观意愿出发，独断专行，表面上为了维护人民的利益，实际上常常事与愿违，得不偿失。四是特权思想，自恃高人一等，在公众场合耀武扬威，不遵从法规制度和社会道德，甚至拿出所谓“你知道我是谁”的话语来吓唬群众，作为自己搞特权的挡箭牌、护身符、通行证。

脱离群众会使我们党最大的政治优势逐步流失，当流失到一定程度，党群的血肉联系、鱼水之情就可能会变为“油水关系”“水火关系”。有的干部在处理矛盾时竟然说出“你是替党说话，还是替老百姓说话”这样的话，把党和人民群众对立起来，实在令人匪夷所思，这种状况只能损害党的威信，使党的政治优势弱化、退化甚至异化。世界上任何一个政党，一旦丧失民心，都逃脱不了被人民抛弃的命运，这是一条历史的铁律。

殷鉴不远，2011 年也是世界上第一个上台执政的无产阶级政党——苏共亡党 20 周年。苏共亡党固然有多方面的原因，但最根本的是长期以来没能把人民的利益、要求和愿望放在心上，不是利用手中的权力和资源更好地为人民服务、不断满足人民日益增长的物质文化需求，而是严重脱离群众，失去了最广大人民群众的支持和信任。苏联解体前，苏联社会科学院做过一次问卷调查，被调查者认为苏共仍能代表工人的仅占 4%，仍能代表全体人民的仅占 7%，认为代表官僚、干部和机关工作人员的却占 85%。一个不再代表人民利益的执政党，一个脱离了人民、失去了民众的信任和支持的执政党，注定要被“雨打风吹去”。

四、消极腐败的危险

反腐败是实现党的伟大事业、获取群众支持的政治条件。腐败对于任何一个执政党和政府来说都是消解其政治合法性的腐蚀剂，对于长期执政的政党来说更是如此。中国共产党历来高度重视反腐败问题，十六大以来，党中央提出了“标本兼治、综合治理、惩防并举、注重预防”的治理腐败的思路和方针，建立和健全教育、制度、监督并重的惩防体系。然而，中国正处于社会转型时期，各项制度还不健全，市场经济的负面影响，社会贫富差距的拉大，使一部分党员干部经不住诱惑，理想信念动摇，失去防腐拒变的免疫力，利用手中权力搞“权钱交易”，且贪污受贿数额巨大，犯罪手段日益隐蔽，对党和人民事业造成的危害十分严重。

近年来，我国的反腐败斗争取得了积极、显著的成效，但反腐败形势依然严峻。据最高人民法院不久前披露，2010年，全国各级法院共审结国家工作人员职务犯罪案件27751件，生效判决人数28708人，其中判处五年有期徒刑以上刑罚5906人。与2008年相比，职务犯罪案件数量上升7.2%。2011年7月19日，因犯受贿、贪污、滥用职权罪的杭州市原副市长许迈永、苏州市原副市长姜人杰同日被执行死刑，就是两起典型的案例。随着经济社会的高速发展，国家对城市改造和民生工程投入力度加大，土地流转、房地产开发、工程建设领域成为行贿受贿、贪污腐败的高发高危地区，许迈永、姜人杰两人都是利用职务便利，运用手中掌控的土地使用权、税收优惠权、决定承揽工程中的特权，以权谋私，牟取高额不义之财，堕落为被党和人民唾弃的犯罪分子。

坚决惩治和有效预防腐败，关系人心向背和党的生死存亡，是党必须始终抓好的重大政治任务。中国共产党惩治腐败的决心是坚定的，从新中国成立初期刘青山、张子善因贪污被处决，到新时期一系列的高官落马，足以说明这一点。面对长期执政、改革开放、市场经济、外部环境的深刻变化，面对党内少数干部出现的贪腐问题屡禁不绝，落实党要管党、从严治党的任务比以往任何时候都更为繁重紧迫。“治国必先治党，治党务必从严”，这是我们党执政以来加强自身建设的一条基本经验。

新时期要克服消极腐败，一要靠人民监督，二要靠警示教育，三要靠制度约束。历史经验告诉我们，建设好、管理好一个有几千万党员的大党，制度更带有根本性、全局性、稳定性、长期性。必须始终把制度建设贯穿党的思想建设、组织建设、作风建设和反腐倡廉建设之中。

在“四个危险”中，精神懈怠无法凝聚人民力量，能力不足难以满足人民期待，脱离群众极易违背人民意愿，消极腐败势必危害人民利益。四者相互关联、彼此影响。如果精神懈怠、能力不足、脱离群众，党的风纪解决不了，消极腐败现象必然会滋生蔓延，党的肌体就会被侵蚀，党的战斗力、生命力就会被削弱乃至丧失。对此，我们必须有清醒的认识，增强忧患意识，居安思危。

（周尚文，华东师范大学教授；陆迪民，中共上海市普陀区委党校副教授）

习近平的新安全观论述及其实践研究*

左凤荣

安全与发展是人类社会得以延续的重要保障。虽然和平与发展仍是当今时代的主题，但和平所面临的安全威胁和发展所面临的严峻挑战仍十分突出。保障人类社会的发展不被各种不安全因素，特别是大国间的冲突所打断，需要树立不同于以往，特别是不同于冷战时期的新安全理念。冷战结束后，中国在世界上率先提出树立互信、互利、平等和协作的新安全观，上海合作组织的成立是践行新安全观的典范。2012 年 11 月党的十八大以来，习近平积极倡导树立新安全观，把共同、综合、合作、可持续的亚洲安全观扩展到世界。新安全观与构建人类命运共同体紧密联系在一起，构建人类命运共同体的目标是建设永久和平、普遍安全、共同繁荣、开放包容、清洁美丽的世界，其中永久和平与普遍安全离不开新安全观。中国是新安全观的提出者，也是积极践行者，中国在积极推动国际安全合作，构建安全共同体，为国际社会的共同安全贡献中国力量。

* 选自《理论视野》2021 年第 4 期，收录时略有改动。

一、习近平新安全观念的提出及其内涵

2014年4月，习近平主持召开中央国家安全委员会第一次会议，提出总体国家安全观时就强调：“既重视自身安全，又重视共同安全，打造命运共同体，推动各方朝着互利互惠、共同安全的目标相向而行。”打造以共同安全为目标的安全共同体，是构建人类命运共同体思想在国际安全领域的具体运用。

2014年5月，在上海举行的亚洲相互协作与信任措施会议第四次峰会上，习近平首次正式提出亚洲新安全观。他说：“要跟上时代前进步伐，就不能身体已进入21世纪，而脑袋还停留在冷战思维、零和博弈的旧时代。我们认为，应该积极倡导共同、综合、合作、可持续的亚洲安全观，创新安全理念，搭建地区安全和合作新架构，努力走出一条共建、共享、共赢的亚洲安全之路。”这一安全新理念得到了与会各国代表的普遍认同，峰会通过的《亚洲相互协作与信任措施会议第四次峰会上海宣言——加强对话、信任与协作，共建和平、稳定与合作的新亚洲》写入了这一亚洲新安全观。此后，习近平又把亚洲新安全观扩展为对世界普遍适用的新安全观。2015年9月，习近平在联合国大会一般性辩论的讲话中提出：“我们要摒弃一切形式的冷战思维，树立共同、综合、合作、可持续安全的新观念。我们要充分发挥联合国及其安理会在止战维和方面的核心作用，通过和平解决争端和强制性行动双轨并举，化干戈为玉帛。我们要推动经济和社会领域的国际合作齐头并进，统筹应对传统和非传统安全威胁，防战争祸患于未然。”中国发布的关于联合国成立70周年的立场文件也明确提出了这一新安全观。从此，中国倡导的共同、综合、合作、可持续的新安全观已经不仅仅局限于亚洲，而适用于全球，成为中国解决世界安全问题的重要方案。

习近平在国际舞台上不断重申新安全观对于当今世界的重要性和紧迫性。2017 年 1 月，习近平在瑞士日内瓦联合国总部发表《共同构建人类命运共同体》的演讲时，强调坚持共建共享、建设一个普遍安全的世界，提出“各方应该树立共同、综合、合作、可持续的安全观”。在经济全球化时代，各国安全相互关联、彼此影响，大量的事实证明，没有一个国家能凭一己之力谋求自身绝对安全，也没有一个国家可以从别国的动荡中收获稳定，传染病不分国界，中东乱局的影响也是世界性的。世界特别需要公道正义、共建共享的安全格局。2020 年 9 月，在纪念联合国成立 75 周年时，习近平再次强调：“单边主义没有出路，要坚持共商共建共享，由各国共同维护普遍安全，共同分享发展成果，共同掌握世界命运。”当今世界安全格局正在发生冷战结束以来最深刻复杂的变化，树立共同、综合、合作、可持续的新安全观，共同营造公道正义、共建共享的安全格局是十分必要和紧迫的。

习近平的新安全观是对解决当今世界面临的安全问题的深入思考，是在总结历史经验教训基础上提出的维护安全的可行之策，具有十分深刻的内涵。

一是要相互尊重，追求共同安全。安全应当是普遍、平等、包容的，要尊重和保障每一个国家的安全。习近平强调：“安全应该是普遍的。各国都有平等参与国际和地区安全事务的权利，也都有维护国际和地区安全的责任。我们要倡导共同、综合、合作、可持续安全的理念，尊重和保障每一个国家的安全。不能一个国家安全而其他国家不安全，一部分国家安全而另一部分国家不安全，更不能牺牲别国安全谋求自身所谓绝对安全。”各国要摒弃冷战思维、零和博弈的旧观念，“坚持通过对话协商和平解决分歧争端，共同应对恐怖主义、公共卫生、网络安全、气候变化等非传统安全问题和全球性挑战，建设命运共同体，走出一条共建、共享、共赢的安全新路，共同维护地区和世界和平稳定”。实现共同安全需要恪守尊重主权、独立和领土完整以及互不干涉内政等国际关系基本准则，尊重各国自主选择的社会制度和发展道路，尊重并照顾各方合理安全关切。

二是统筹传统和非传统安全，综合应对安全问题。当今世界传统安全与非传统安全常常交织在一起，“一个看似单纯的安全问题，往往并不能简单对待，否则就可能陷入头痛医头、脚痛医脚的困境。恐怖主义就是典型的例子，其滋生蔓延受经济发展、地缘政治、宗教文化等多种复杂因素影响，单纯靠一种手段无法从根本上解决问题”。无论在维护地区安全，还是全球安全问题上，都要通盘考虑安全问题的历史经纬和现实状况，多管齐下、综合施策，协调推进安全治理。

三是坚持多边主义，加强安全合作。合作是维护安全的根本途径，有合作安全才有共同安全。习近平强调：“我们主张，各国和各国人民应该共同享受安全保障。各国要同心协力，妥善应对各种问题和挑战。越是面临全球性挑战，越要合作应对，共同变压力为动力、化危机为生机。面对错综复杂的国际安全威胁，单打独斗不行，迷信武力更不行，合作安全、集体安全、共同安全才是解决问题的正确选择。”通过对话合作促进各国各地区安全，增进战略互信，减少相互猜疑，不断扩大合作领域，创新合作方式，以合作谋和平、以合作促安全，坚持以和平方式解决争端。

四是坚持发展和安全并重，以实现可持续安全。发展与安全相互促进。“没有和平，中国和世界都不可能顺利发展；没有发展，中国和世界也不可能有持久和平”。和平是发展的前提和条件，“和平犹如空气和阳光，受益而不觉，失之则难存。没有和平，发展就无从谈起”。发展是安全的保障和基础，聚焦发展主题，改善民生，缩小贫富差距，才能夯实安全的根基。

习近平提出的共同、综合、合作、可持续的新安全观，其核心要义是尊重每个国家的安全需要，通过国际合作共同维护安全。新安全观是基于道义、理念的安全，有利于推动开放、透明、平等的国际安全合作，展现了中国作为国际安全维护者、共同发展促进者、国际体系建设者的形象，并将与国际社会一道努力走出一条维护国际安全的新路。

二、顺应时代发展潮流和中国发展需要的新理念

新安全观是习近平根据国内国际安全形势发生的新变化、站在构建人类命运共同体的高度提出的重要思想，是顺应当今时代发展潮流、解决人类可持续发展与安全问题的中国方案。

第一，当今世界各国人民命运与共、唇齿相依，追求共同安全势所必然。冷战结束以来，经济全球化加速发展，形成了你中有我、我中有你的局面。新安全观顺应这种全球化日益发展，各国命运紧密相连的新现实。2020年初暴发的新冠肺炎疫情，对此是极好的证明。正如习近平所说："这场疫情启示我们，我们生活在一个互联互通、休戚与共的地球村里。各国紧密相连，人类命运与共。任何国家都不能从别国的困难中谋取利益，从他国的动荡中收获稳定。如果以邻为壑、隔岸观火，别国的威胁迟早会变成自己的挑战。"无数事实证明，当今世界传统安全与非传统安全相互交织，局部问题和全球性问题彼此转化，任何国家都不可能独善其身，各国的利益已经紧密融合在一起。合作才有出路和未来。

第二，世界面临的安全挑战复杂多样，很多问题需要各国携手应对。当今世界，安全的内涵和外延更加丰富，时空领域更加宽广，各种因素更加错综复杂。恐怖主义、跨国有组织犯罪、网络犯罪、毒品威胁、重大疫情、自然灾害等全球性安全问题越来

越突出，树立新的安全观，加强在安全领域的合作，是解决人类安全问题的必由之路。此次新冠病毒的全球大流行，与大国关系不睦、合作受限直接相关。美国把中国、俄罗斯当成竞争对手，追求本国优先，严重影响了国际合作抗疫，此事也从反面证明了合作安全的重要性。

第三，冷战思维解决不了当今世界面临的问题，新安全观应时而生。冷战结束后，中国率先提倡树立互信、互利、平等和协作的新安全观，以此为原则建立了上海合作组织。中亚和西亚不同的命运表明，上海合作组织在集体安全、合作安全的基础上，对维护地区稳定发挥了重要作用。但世界上还有许多强国仍奉行以实力求和平的原则，坚持冷战思维与零和博弈思维，把自身安全建立在牺牲别国安全的基础上。2017 年以来，美国频繁“退群”“毁约”，特别是退出《中导条约》《开放天空条约》，推行所谓印太战略，影响了大国间的战略平衡和大国战略互信，导致国际安全领域合作意愿下降，大国军事竞争因素再次上升，影响着世界的和平与发展。

习近平倡导新安全观，不仅是基于时代发展潮流和总结国际社会正反两方面的经验，还在于回应国际社会对中国发展的关切，是把中国摆进世界大变局的体现。中国崛起的规模和速度超过了世界历史上的任何国家，外界，特别是大国，自然对中国的发展有忌惮，担心中国走传统大国崛起的老路。在这一背景下，习近平提出的新安全理念具有重要的现实意义。

第一，新安全观表明中国坚定走不同于传统大国崛起之路。在世界历史上，许多大国在崛起的过程中给人类带来的是灾难，如奴隶贸易、侵略扩张、以强凌弱。中国作为社会主义国家，坚持以和平共处五项原则为基础发展与各国的友好关系，庄严向国际社会承诺：“我们永远不称霸，不扩张，不谋求势力范围，无意跟任何国家打冷战热战，坚持以对话弥合分歧，以谈判化解争端。”中国倡导的平衡普惠的发展模式，倡导各国共同维护世界和平与安全。以发展促和平，以和平保障发展，体现了大国对世界和地区承担的责任。中国的发展带动了许多国家的发展，亚太地区成为世界上经济最有活力的地区很大程度上得益于中国的发展。中国反对把世界长期发展建立在一批国家越来越富裕而另一批国家却长期贫穷落后的基础之上，主张“要让发展更加平衡，让发展机会更加均等、发展成果人人共享，就要完善发展理念和模式，提升发展公平性、有效性、协同性”。中国呼吁世界各国应当顺应时代潮流，选择正确的发展道路，共同享受尊严，共同享受发展成果，共同享受安全保障，构建持久和平，实现持续发展。

第二，中国努力以善意化解大国的误解，努力处理好大国关系。大国是维护和平的关键，但近年来，随着美国退出《中导条约》，国际安全环境深受影响，大国间的军事竞争因素上升。中国明确反对军备竞赛，努力引导大国关系走和谐发展之路。尽管美国对华表现出明显不友好，但2020年3月习近平在与特朗普通电话时仍表示：“我十分关注和担心美国疫情发展，也注意到总统先生正在采取一系列政策举措。中国人民真诚希望美国早日控制住疫情蔓延势头，减少疫情给美国人民带来的损失。中方对开展国际防控合作一向持积极态度。当前情况下，中美应该团结抗疫。”“当前，中美关系正处在一个重要关口。中美合则两利、斗则俱伤，合作是唯一正确的选择。希望美方在改善中美关系方面采取实质性行动，双方共同努力，加强抗疫等领域合作，发展不冲突不对抗、相互尊重、合作共赢的关系。”在祝贺拜登当选的贺电中，习近平再次表达了中美合作，共同解决世界安全问题的愿望。

第三，表明了中国希望与世界实现良性互动。中国的发展离不开世界的和平稳定与各国的共同发展，同样，中国的发展和奉行新安全观，也促进了世界与地区的和平稳定。中国坚定不移地做地区和世界和平的建设者、维护者，致力于国家间合作的互利共赢，“中国走和平发展道路，不是权宜之计，更不是外交辞令，而是从历史、现实、未来的客观判断中得出的结论，是思想自信和实践自觉的有机统一。和平发展道路对中国有利、对世界有利，我们想不出有任何理由不坚持这条被实践证明是走得通的道路。”习近平在会见2019年创新经济论坛外方代表时说：“今天，中国人民充满高度自信，将坚定不移沿着这条道路走下去。我们提出实现中华民族伟大复兴的中国梦，但这个梦绝不是‘霸权梦’。我们没有准备去取代谁，只不过是让中国恢复应有的尊严和地位。我们已经取得了辉煌成就，但我们不会在世界上颐指气使，而是继续秉持‘和而不同’的传统理念，坚持走和平发展道路，致力于与世界各国开展互利合作。”一些西方国家以固有的思维把中国看成是与之争夺霸权的对象，显然是错误的。中国希望寻求安全利益的最大公约数，既让自己安全，也让别人安全，共同应对各种安全问题和挑战。

三、践行新安全观，推动国际安全治理

习近平提出的新安全观，创新安全理念，努力走出一条共商共建共赢的安全之路，以建设持久和平与普遍安全的世界。中国是新安全观的提出者，也是积极践行者，在全球、地区和相关领域，中国都为国际安全合作作出了自己的贡献。

第一，维护世界的安全，需要加强全球安全治理。习近平明确表示，中国“坚定维护以联合国宪章宗旨和原则为核心的国际秩序和国际体系，统筹应对传统和非传统安全挑战，深化双边和多边协作，促进不同安全机制间协调包容、互补合作，不这边搭台、那边拆台，实现普遍安全和共同安全”。中国坚定履行国际义

务，积极支持联合国的维和行动，不仅是主要出资国之一，还是联合国安理会常任理事国中派遣维和人员最多的国家，中国军队认真履行安理会的授权，致力于维护地区和平与安全，和平解决冲突，促进地区重建，并为此作出了牺牲，在中东、马里和南苏丹牺牲的联合国维和人员中就有中国军人。中国军舰还在亚丁湾、索马里海域开展常态化护航行动，同时加强与多国护航力量的交流合作，共同维护国际海上通道安全。

新冠肺炎疫情发生以来，中国努力推动国际社会的公共卫生安全治理。中方及时向世卫组织通报情况，并在本国疫情得到控制后，向世卫组织和需要援助的国家提供了大量援助。在 2020 年 5 月 18 日，习近平在第 73 届世界卫生大会视频会议开幕式上提出，“中国将在两年内提供 20 亿美元国际援助，用于支持受疫情影响的国家特别是发展中国家抗疫斗争以及经济社会恢复发展”。“中国已向 50 多个非洲国家和非盟交付了大量医疗援助物资，专门派出了 5 个医疗专家组”。“中国将建立 30 个中非对口医院合作机制，加快建设非洲疾控中心总部，助力非洲提升疾病防控能力”。当美国质疑世卫组织的工作，宣布退出世卫组织后，中国与欧盟、俄罗斯等一道，积极支持世卫组织的工作，对遏制疫情的蔓延发挥了重要作用。习近平强调，中国新冠疫苗研发完成并投入使用后，将作为公共产品。中方还积极参与世卫组织新冠疫苗实施计划，决定向“实施计划”提供 1000 万剂疫苗，主要用于发展中国家。对于其他国家疫苗企业在华加工产品、供世界各国使用，中方也予以支持和协助。中国向疫苗需要国提供力所能及的支持和帮助。中国以大国气度和对人类高度负责的人道主义精神，为早日战胜疫情、推动构建人类卫生健康共同体作出了切实贡献。

第二，推动构建亚洲安全命运共同体。亚洲各国安危与共、命运相系，中国特别重视增强亚洲国家之间的相互信任，提出构建亚洲命运共同体。2017 年 1 月，中国发表《中国的亚太安全合作政策》白皮书，主张完善现有地区多边机制，巩固亚太和平稳定的框架支撑。继续支持地区多边安全机制发展，推动相关机制密切协调配合，为增进相互理解与互信、扩大安全对话交流与合作发挥更大作用。中国致力于推进地区安全机制建设，同有关国家共同发起成立上海合作组织和六方会谈，搭建香山论坛平台，建立中国—东盟执法安全合作部长级对话机制、筹建澜沧江一湄公河综合执法安全合作中心，积极支持亚洲相互协作与信任措施会议，加强能力和机制建设，参与东盟主导的多边安全对话合作机制。中国在各个地区机制下提出一系列非传统安全领域合作倡议，有力推动了相关领域交流与合作。中国将承担更多国际地区安全责任，为亚太地区乃至世界提供更多公共安全产品。

中国坚持与邻为善、以邻为伴，践行亲、诚、惠、容的理念，努力使自身发展更好惠及周边及亚太国家。中国认为："要建造经得起风雨考验的亚洲安全大厦，就应该聚焦发展主题，积极改善民生，缩小贫富差距，不断夯实安全的根基。要推动共同发展和区域一体化进程，努力形成区域经济合作和安全合作良性互动、齐头并进的大好局面，以可持续发展促进可持续安全。"中国积极推动区域全面经济伙伴关系发展，加快推进丝绸之路经济带和21世纪海上丝绸之路建设，推动亚太地区发展和安全相互促进、相得益彰。"我们要发展合作共赢的新型伙伴关系，相互尊重，平等相待，守望相助，同舟共济，在追求本国利益时兼顾各国合理关切，在谋求本国发展时促进各国共同发展，在维护本国安全时尊重各国安全，一起来促进地区和平、稳定、繁荣。我们要深化军事政治、新威胁新挑战、经济、人文、环保等领域安全和信任措施建设合作，共同为亚洲安全和发展撑起一片蓝天。"亚洲安全问题极为复杂，既有热点敏感问题又有民族宗教矛盾，恐怖主义、跨国犯罪、环境安全、网络安全、能源资源安全、重大自然灾害等带来的挑战明显上升，传统安全威胁和非传统安全威胁相互交织，安全问题的内涵和外延都在进一步拓展。中国积极推动在亚洲形成利益交融、安危与共、一荣俱荣、一损俱损的命运共同体。对于中国与周边一些国家存在的领土和海域争端，习近平强调：“对待国家间存在的分歧和争端，要坚持通过对话协商以和平方式解决，以对话增互信，以对话解纷争，以对话促安全，不能动辄诉诸武力或以武力相威胁。热衷于使用武力，不是强大的表现，而是道义贫乏、理念苍白的表现。只有基于道义、理念的安全，才是基础牢固、真正持久的安全。我们要推动建设开放、透明、平等的亚太安全合作新架构，推动各国共同维护地区和世界和平安全。”中国的这一立场得到了亚洲邻国的认同，也有助于增强中国与邻国间的互信。

第三，在军事、核安全和网络安全等敏感领域努力推动国际合作。军事力量仍是维护国家安全的重要力量。中国在不结盟、不对抗、不针对第三方的原则基础上与相关国家展开军事合作，推动建立公平有效的集体安全机制和军事互信机制；坚持在相互尊重、平等互利、合作共赢的基础上，深化同各国军队的交流与合作，加强边境地区信任措施合作，推进海上安全对话与合作，参加联合国维和行动、国际反恐合作、护航和救灾行动，举行中外联演联训。在上海合作组织的框架下，中国为打击“三股势力”、维护中亚地区的和平作出了自己的贡献。2015 年 9 月，在纪念中国人民抗日战争暨世界反法西斯战争胜利 70 周年大会上，习近平宣布，中国将裁减军队员额 30 万。

核安全是传统的安全治理领域。2014 年 3 月，习近平出席第三届核安全峰会并发表重要讲话，主张构建一个公平、合作、共赢的国际核安全体系。“治标和治本并重，以消除根源为目标全面推进核安全努力。核安全涉及不同层面，既包括实施科学有效管理，发展先进安全核能技术，也包括妥善应对核恐怖主义和核扩散。完善核安全政策举措，发展现代化和低风险的核能技术，坚持核材料供需平衡，加强防扩散出口控制，深化打击核恐怖主义的国际合作，是消除核安全隐患和核扩散风险的直接和有效途径。”中国支持国际社会共同维护并促进《不扩散核武器条约》的权威性、普遍性和有效性，摒弃双重标准，标本兼治，坚持通过政治外交手段解决核扩散问题。中国以负责任态度参与伊核、朝核等地区热点核问题政治解决进程，积极推动核能国际合作，提升全球核安全与核能安全水平，以公平高效原则促进和平利用核能。中国一向主张，拥有最大核武库的国家应该切实履行核裁军特殊、优先责任，继续执行并延长双边军控条约，以可核查、不可逆的方式进一步大幅削减核武器。中国大力推动地区及全球核安全合作，支持以国际原子能机构为核心，协调、整合全球核安全资源，并利用其专业特长服务各国。中国已经批准核安全领域所有国际法律文书，一贯严格执行安理会相关决议，积极支持和参与核安全国际倡议。中国奉行防御性国防政策，核力量始终维持在维护国家安全需要的最低水平，中国不参加任何形式的核军备竞赛，不为任何其他国家提供核保护伞，不在任何其他国家部署核武器，始终恪守不首先使用核武器、不对无核武器国家和无核武器区使用核武器等承诺。

网络安全的治理是国际安全治理的新领域，大国在网络安全领域的博弈，不单是技术博弈，还是理念博弈、话语权博弈。中国提出了全球互联网发展治理的“四项原则”和“五点主张”，倡导尊重网络主权、构建网络空间命运共同体。习近平强调：“网络安全是全球性挑战，没有哪个国家能够置身事外、独善其身，维护网络安全是国际社会的共同责任。各国应该携手努力，共同遏制信息技术滥用，反对网络监听和网络攻击，反对网络空间军备竞赛。中国愿同各国一道，加强对话交流，有效管控分歧，推动制定各方普遍接受的网络空间国际规则，制定网络空间国际反恐公约，健全打击网络犯罪司法协助机制，共同维护网络空间和平安全。”中国连续举办世界互联网大会，搭建全球互联网共享共治的平台，有助于推动互联网健康发展。

总之，新安全观是中国关于国际安全治理的新理念，这一新理念顺应了时代发展的潮流，有效回应了国际社会对中国崛起会不会给世界带来安全挑战的问题，为解决当今世界复杂的安全问题提出了中国方案。中国不仅是新安全观的倡导者，也是积极实践者，对推动国际安全合作，消除国际社会面临的安全风险，发挥了重要作用。理论与实践都证明，中国的发展与崛起是世界的机遇，增强了世界维护和平与安全的力量。新安全观对维护和塑造有利于中国发展的外部环境发挥着重要作用。

［作者系中共中央党校（国家行政学院）国际战略研究院副院长、教授］

“下好先手棋，打好主动仗”*
——习近平关于防范化解风险挑战的战略思考

许先春

党的十八大以来，面对日趋复杂的外部环境和我国发展面临的新问题新挑战，习近平以强烈的忧患意识和使命担当，深入思考了如何防范化解风险挑战的一系列重大理论和实践问题。习近平关于防范化解风险挑战的战略思考，为我们战胜前进道路上各种艰难险阻，实现中华民族伟大复兴的中国梦，提供了科学的理论指导和行动指南。

一、着眼两个大局，科学研判风险挑战

习近平关于防范化解风险挑战的战略思考，是在科学把握中华民族伟大复兴战略全局和世界百年未有之大变局的基础上形成的，有着深刻的时代背景和深厚的实践基础。

从国际形势看，当今世界正经历百年未有之大变局。大变局纷繁复杂、变乱交织，各种矛盾叠加碰撞，其力度规模之大、涉及范围之广、触及利益之深前所未有。世界多极化、国际关系民主化的大方向没有改变，但各种力量加快分化组合，影响世界格

---

* 选自《党的文献》2020 年第 4 期。

局的变量日益增多。大国关系经历着重大而深刻的调整，既相互竞争又相互借重。各种区域性合作组织空前活跃，方兴未艾。新兴市场国家和发展中国家群体性快速崛起，成为国际舞台上十分重要的力量，这是近代以来国际力量对比中最具革命性的变化。和平与发展仍然是时代主题，但强权政治阴魂不散，霸权主义、单边主义时有抬头，地区冲突持续不断。世界经济增长低迷，深层次矛盾长期累积，经济全球化遭遇波折，保护主义、内顾倾向暗流涌动，国际投资大幅萎缩。美国对我发起贸易战，频繁挑起中美经贸摩擦。我国发展面临的外部不确定不稳定因素依然很多。

从国内形势看，我国正处于全面建成小康社会决胜阶段，中华民族正处于实现伟大复兴关键时期。经过改革开放以来长期持续的努力，我国经济快速发展，社会保持长期稳定，党和国家各项事业取得历史性成就、发生全方位变革，中国特色社会主义展现出蓬勃的生机活力，中国人民迎来了从温饱不足、总体小康到全面小康的伟大飞跃。与此同时，我国发展也面临着种种不容忽视的问题。发展不平衡不充分的问题依然突出，科技创新能力不强，经济下行压力加大，实体经济困难较多，城乡区域发展差距依然较大，生态保护和污染防治任务艰巨，教育、医疗、养老、住房、食品安全、收入分配等方面还存在不少短板，一些领域腐败问题多发。全面深化改革进入深水区，深层次的体制机制问题不断显现，急流险滩暗礁更多。中国特色社会主义到了一个攻坚克难、闯关夺隘而又愈进愈险、不进则退的时刻。

面对复杂多变的国际形势和艰巨繁重的国内改革发展稳定任务，习近平反复强调必须准备进行具有许多新的历史特点的伟大斗争。他在主持党的十八大报告起草工作时，就主张把“发展中国特色社会主义是一项长期的艰巨的历史任务，必须准备进行具有许多新的历史特点的伟大斗争”这句话写上去。“新的历史特点”这个概念，含义极为深刻，是全面审视国际国内两个大局发展大势得出的重要判断。党的十八大以来，习近平紧密结合我国改革开放的实践进程，紧扣中国特色社会主义面临的突出矛盾和风险挑战，从不同角度、不同层面深刻阐述了如何防范化解风险挑战的问题。这是一个不断深化的认识过程，其中有几个重要节点引人注意。

一是在党的十八大后不久，习近平就明确提出了增强忧患意识、防范潜在风险的重大问题。2012 年 11 月 15 日，习近平在党的十八届一中全会上，针对国际形势继续发生深刻复杂变化、我们在前进道路上面临诸多突出矛盾和问题的实际，明确提出："我们一定要居安思危，增强忧患意识、风险意识、责任意识"，"有效防范各种潜在风险"。2013 年 1 月 5 日，习近平在新进中央委员会的委员、候补委员学习贯彻党的十八大精神研讨班上指出："我们的事业越前进、越发展，新情况新问题就会越多，面临的风险和挑战就会越多，面对的不可预料的事情就会越多。我们必须增强忧患意识，做到居安思危。"这一时期，他还告诫全党要保持清醒头脑，指出："中华民族伟大复兴绝不是轻轻松松、顺顺当当就能实现的。"

二是在适应、把握、引领经济发展新常态的过程中，习近平深入思考了对风险挑战"怎么看、怎么办"的问题。2013 年，习近平综合分析世界经济长周期和我国经济发展"三期叠加"的阶段性特征，作出了我国经济发展进入新常态的重大判断。在 2013 年底的中央经济工作会议上，他指出："我国正处于跨越'中等收入陷阱'并向高收入国家迈进的历史阶段，矛盾和风险比从低收入国家迈向中等收入国家时更多更复杂。"他强调，要注重处理好经济社会发展各类问题，既防范增长速度滑出底线，又理性对待高速增长转向中高速增长的新常态。要坚持底线思维，凡事要从坏处准备，努力争取最好结果，做到有备无患。在 2014 年底的中央经济工作会议上，他从经济风险积累和化解的角度分析了我国面临的风险挑战，指出：过去经济高速发展掩盖了一些矛盾和风险，现在伴随着经济增速下调，各类隐性风险逐步显性化。他强调必须标本兼治、对症下药，建立健全化解各类风险的体制机制，通过延长处理时间减少一次性风险冲击力度，如果有发生系统性风险的威胁，就要果断采取外科手术式的方法进行处理。他提醒我们，如果仍想着过去的粗放型高速发展，习惯于铺摊子、上项目的老办法，“即使暂时把速度抬上去了也不会持久，相反会使发展中的矛盾和问题进一步积累、激化，最后是总爆发”。

三是在贯彻新发展理念的过程中，习近平进一步思考了防范各方面风险挑战的问题。进入2015年后，党中央着手研究制定“十三五”规划。习近平开展了一系列调查研究，集中而深入地思考了如何下大气力破解制约如期全面建成小康社会的重点难点问题。2015年10月29日，他在党的十八届五中全会第二次全体会议上，专门论述了“防风险，着力增强风险防控意识和能力”的问题，指出：“必须把防风险摆在突出位置”，“力争不出现重大风险或在出现重大风险时扛得住、过得去”。这一时期，在资本市场、互联网金融、安全生产等方面连续发生的重大事件，一再给我们敲响了警钟。对此，习近平强调要深入研判、评估风险，坚守住不发生系统性风险的底线。2016年1月18日，他在省部级主要领导干部学习贯彻党的十八届五中全会精神专题研讨班上，专门论述了“守住底线，在贯彻落实新发展理念中及时化解矛盾风险”的问题，指出：推动创新发展、协调发展、绿色发展、开放发展、共享发展，前提都是国家安全、社会稳定。我们必须“做好应对任何形式的矛盾风险挑战的准备，做好经济上、政治上、文化上、社会上、外交上、军事上各种斗争的准备，层层负责、人人担当”。

四是在落实总体国家安全观的过程中，习近平着眼于更大范围、更广时空系统思考了防范化解风险挑战的问题。新时代，我国国家安全内涵和外延比历史上任何时候都要丰富，时空领域比历史上任何时候都要宽广，内外因素比历史上任何时候都要复杂。习近平阐述了总体国家安全观的丰富内涵，指出要“以人民安全为宗旨，以政治安全为根本，以经济安全为基础，以军事、文化、社会安全为保障，以促进国际安全为依托，走出一条中国特色国家安全道路”。他强调要立足防范风险的大前提来维护国家安全，既重视外部安全又重视内部安全、既重视国土安全又重视国民安全、既重视传统安全又重视非传统安全、既重视发展问题又重视安全问题、既重视自身安全又重视共同安全。总体国家安全观的提出及实践，为我们党应对风险挑战提供了坚实的理论支撑、宽广的视野、科学的方法和明确的实践要求。以总体国家安全观为引领，习近平在一系列讲话中分析和论述了维护政治安全、国土安全、军事安全、经济安全、文化安全、社会安全、科技安全、网络安全、生态安全、资源安全、核安全、海外利益安全等问题。此外，还对太空、深海、极地等新型领域在内的风险挑战也进行了分析和研判。

五是在打好防范化解重大风险攻坚战的过程中，习近平关于防范化解风险挑战的战略思考日益充实、愈加丰富，上升到一个新的高度。2017 年 7 月 26 日，习近平在省部级主要领导干部“学习习近平总书记重要讲话精神，迎接党的十九大”专题研讨班开班式上，把防范化解重大风险与精准脱贫、污染防治一起作为必须打好的三大攻坚战提了出来。这标志着防范化解重大风险攻坚战成为党和国家一项极为重要、影响全局的重大战略任务。党的十九大对这三大攻坚战作了全面部署。2018 年 1 月 5 日，习近平在新进中央委员会的委员、候补委员和省部级主要领导干部学习贯彻习近平新时代中国特色社会主义思想和党的十九大精神研讨班上，列举了 8 个方面 16 个具体风险，强调增强忧患意识、防范风险挑战要一以贯之。2019 年 1 月 21 日，习近平在省部级主要领导干部坚持底线思维着力防范化解重大风险专题研讨班开班式上，强调要提高防控能力，把防范化解重大风险工作做实做细做好。习近平在 2018 年 1 月、2019 年 1 月这两次研讨班上的讲话中都指出：面对波谲云诡的国际形势、复杂敏感的周边环境、艰巨繁重的改革发展稳定任务，我们“既要高度警惕‘黑天鹅’事件，也要防范‘灰犀牛’事件；既要有防范风险的先手，也要有应对和化解风险挑战的高招；既要打好防范和抵御风险的有准备之战，也要打好化险为夷、转危为机的战略主动战”。这两篇讲话是习近平关于防范化解风险挑战、应对突发事件的代表性文献，标志着我们党对防范化解风险挑战的规律性认识更加自觉、更加科学。

六是在抗击新冠肺炎疫情斗争中，习近平关于防范化解风险挑战的战略思考得到检验、发展，增添了新的时代性内容。新冠肺炎疫情是新中国成立以来我国遭遇的传播速度最快、感染范围最广、防控难度最大的一次重大突发公共卫生事件，也是对我国治理体系和治理能力的一次大考。早在 2018 年 1 月，习近平在列举我们面临的风险时就曾经指出：“像非典那样的重大传染性疾病，也要时刻保持警惕、严密防范。”突如其来的新冠肺炎疫情，表明这种忧虑并非杞人忧天。面对来势汹汹的疫情，习近平指出：“重大传染病和生物安全风险是事关国家安全和发展、事关社会大局稳定的重大风险挑战。”他强调：“要强化风险意识，完善公共卫生重大风险研判、评估、决策、防控协同机制。”针对这次疫情暴露出来的短板和不足，习近平强调要立足更精准更有效地防，改革疾病预防控制体系，完善重大疫情防控救治体系，推进公共卫生体系建设，健全国家公共卫生应急管理体系，“着力提高应对重大突发公共卫生事件的能力和水平”。这次抗击疫情斗争取得了重大战略成果，证明党和国家制定的防控举措是正确的，作出的决策部署是有效的，同时也为更好应对风险挑战积累了宝贵的经验。

二、坚持底线思维，妥善应对风险挑战

习近平关于防范化解风险挑战的战略思考，内涵丰富、思想深刻，体现了敏锐的问题意识和强烈的问题导向，凝聚着习近平坚持底线思维、防范化解风险挑战的智慧和心血。概括地说，习近平着重分析和论述了如下一些问题。

一是把“统筹发展和安全，增强忧患意识，做到居安思危”确立为我们党治国理政的一个重大原则。安全和发展是一体之两翼、驱动之双轮。安全是发展的保障和条件，发展是安全的基础和目的。我们面临的国内外形势越复杂，就越要处理好安全和发展的辩证关系，决不能顾此失彼、畸轻畸重。如果单纯注重发展而忽视安全问题，那样的发展是不可持续的。回顾历史可以看出，我们党之所以能战胜一个又一个困难、取得一个又一个胜利，就在于一代代中国共产党人始终有着强烈的忧患意识、风险意识。心存忧患、肩扛重担，是中国共产党人的鲜明特质。新时代，我们党要坚持和巩固党的执政地位，坚持和发展中国特色社会主义，就必须把维护国家安全和社会稳定作为头等大事，时刻准备应对各种风险挑战、克服各种艰难险阻。

二是揭示了我国面临的风险隐患日益增多的趋势，作出了“我国发展进入各种风险挑战不断积累甚至集中显露的时期”的重大判断。我们面对的是一个更加不确定不稳定的世界，我国发展的结构性、体制性、周期性问题相互交织，前进道路上必然会遇到各种各样的“拦路虎”“绊脚石”，决不能掉以轻心。我们越发展壮大、越接近奋斗目标，遇到的困难和阻力就会越大，面临的风险挑战就会越多。“这是我国由大向强发展进程中无法回避的挑战，是实现中华民族伟大复兴绕不过的门槛”。越是接近目标，越

需要我们付出艰巨的努力，沉着果断应对一切风险挑战。

三是揭示了各种风险挑战交叉传导的复杂关系，提出了“着力防范各类风险挑战内外联动、累积叠加”的工作要求。纵观人类历史，世界发展从来都是各种矛盾相互交织、相互作用的综合结果。新形势下，我国面临的各种矛盾风险挑战源、各类矛盾风险挑战点不仅大大增多，而且相互之间的联动效应日益明显，牵一发而动全身。“如果防范不及、应对不力，就会传导、叠加、演变、升级，使小的矛盾风险挑战发展成大的矛盾风险挑战，局部的矛盾风险挑战发展成系统的矛盾风险挑战，国际上的矛盾风险挑战演变为国内的矛盾风险挑战，经济、社会、文化、生态领域的矛盾风险挑战转化为政治矛盾风险挑战，最终危及党的执政地位、危及国家安全。”必须统揽全局，妥善处理并及时阻断不同领域风险挑战的转化通道，有效防范各类风险挑战交叉感染、积累扩散、连锁联动、蔓延升级。在应对风险挑战时，要避免出现头痛医头、脚痛医脚，只见树木、不见森林的弊端。坚决防止小问题演变为大问题、小管涌沦为大塌方的后果。特别要注意避免酿成全局性、颠覆性的灾难。

四是作出当前和今后一个时期“我们面临的风险总体可控”的基本判断，重申“我国发展仍然处于可以大有作为的重要战略机遇期”。唯物辩证法认为，任何事物都是矛盾的统一体。各种风险挑战既给我们提出了新课题，同时也为我们做好工作提供了新机遇。“在新时代，我们党领导人民进行伟大社会革命，涵盖领域的广泛性、触及利益格局调整的深刻性、涉及矛盾和问题的尖锐性、突破体制机制障碍的艰巨性、进行伟大斗争形势的复杂性，都是前所未有的。”我们决不能低估面临的风险考验和重大挑战，但是也不能被困难所吓倒，更不能畏首畏尾甚至逃避责任。以习近平同志为核心的党中央深入分析风险挑战背后的成因，综合评估判断，认为虽然我们面临的国内外形势依然错综复杂、充满变数，同时各种可以预料和难以预料的风险挑战增多，有些还相当尖锐，但我国发展仍然具备难得的机遇和有利条件。“我们要保持清醒头脑，增强忧患意识，深入分析问题背后的原因，因势利导，顺势而为，紧紧抓住并切实用好我国发展的重要战略机遇期。”

五是强调在风险挑战面前要保持战略定力，提出了坚持底线思维的思想方法和工作方法。能否坚持底线思维，事关各项工作成败。在风险挑战面前，如果消极等待，就有可能贻误宝贵的发展时机甚至陷入被动局面，造成无法弥补的损失。底线思维正是着眼于迎接挑战、破解难题、防患于未然而提出来的。习近平强调，要坚持底线思维，“从最坏处着眼，做最充分的准备，朝好的方向努力，争取最好的结果”。制定政策措施、作出决策部署时，要考虑到方方面面因素，充分估计最坏的可能性、最严重的后果。同时要实事求是、有针对性地提出应对方案，做到有备无患。通过艰苦细致、扎实有效的工作，最大限度地降低风险挑战的影响程度，削减其破坏力，确保不出现最坏的情景。“对最坏的情景一旦心中有数，就能迎难而上、化危为机，天塌不下来”。越是形势复杂，越要坚持底线思维，这样才能牢牢掌握发展的主动权。习近平告诫我们要增强信心，保持战略上的平常心态，保持战略定力、战略自信、战略耐心，积极开拓进取，全力做好防范化解风险挑战各项工作。

六是突出主要矛盾和矛盾的主要方面，提出了“聚焦重点，抓纲带目”“着力防范化解重大风险”的应对思路。解决问题就要抓住主要矛盾和矛盾的主要方面，针对矛盾和问题来推动工作。这是习近平一贯倡导的工作方法。他经常讲到“木桶原理”，“木桶有短板就装不满水，但木桶底板有洞就装不了水”。他强调：“我们既要善于补齐短板，更要注重加固底板。防控和化解各种重大风险，就是加固底板。”我们面临的重大风险挑战，既包括国内的政治、意识形态、经济、文化、社会风险以及来自自然界的风险，也包括来自国际的、外部的各种风险。如果发生重大风险又扛不住，国家安全就可能面临重大威胁，实现中华民族伟大复兴的进程就可能迟滞或被迫中断。习近平指出：“各种风险我们都要防控，但重点要防控那些可能迟滞或中断中华民族伟大复兴进程的全局性风险，这是我一直强调底线思维的根本含义。”

七是提出“运用制度威力应对风险挑战的冲击”，强调“健全各方面风险防控机制”。我们要打赢防范化解重大风险攻坚战，确保党和国家长治久安，最关键的还是要靠制度。加强制度建设，构建系统完备、科学规范、运行有效的制度体系，是应对各种风险挑战、及时化解危机、赢得主动权的根本保障。健全风险防范化解机制，是坚持从源头上防范化解重大风险的治本之策，是真正把问题解决在萌芽之时、成灾之前的有力举措。我们必须改变忽视制度建设、认为制度与防控风险挑战关系不大的陈旧观念，牢固树立制度意识，着力推进思路理念、方法手段创新，善于在制度的轨道上推进防范化解风险挑战各项工作。“要完善风险防控机制，建立健全风险研判机制、决策风险评估机制、风险防控协同机制、风险防控责任机制”，促进制度建设和治理效能更好转化融合，充分发挥制度指引方向、规范行为、提高效率、维护稳定、防范化解风险的重要作用。要积极推进我国应急管理体系和能力现代化，推动形成统一指挥、专常兼备、反应灵敏、上下联动、平战结合的中国特色应急管理体制。

八是强化使命担当，提出必须发扬斗争精神、增强斗争本领。“防范化解重大风险，需要有充沛顽强的斗争精神。”在风险考验和惊涛骇浪面前，任何回避困难、忽视矛盾、消极懈怠、无所作为、贪图享受的思想和行为都是错误的、有害的。党员、干部要以守土有责、守土负责、守土尽责的责任担当，自觉地投身到防范化解风险挑战的斗争中，做到敢挑重担、敢于出击、敢战能胜。一方面，要发扬斗争精神，敢于斗争，不在困难面前低头，不在挑战面前退缩。另一方面，要提高斗争本领，善于斗争，妥善应对好每一场重大风险挑战。习近平指出：“我们讲的斗争，不是为了斗争而斗争，也不是为了一己私利而斗争，而是为了实现人民对美好生活的向往、实现中华民族伟大复兴知重负重、苦干实干、攻坚克难。”他提出了党员、干部有没有斗争精神、是不是敢于担当的“五个面对”的衡量标准，即：面对大是大非敢不敢亮剑、面对矛盾敢不敢迎难而上、面对危机敢不敢挺身而出、面对失误敢不敢承担责任、面对歪风邪气敢不敢坚决斗争。斗争是一门艺术，必须讲究策略方法。在各种重大斗争中，要坚持做到“三个统一”，即：坚持增强忧患意识和保持战略定力相统一、坚持战略判断和战术决断相统一、坚持斗争过程和斗争实效相统一。

三、坚定必胜信念，做好防范化解工作

面对风险挑战，我们要增强必胜之心，全力尽责，把防范化解风险挑战工作做实做细做好。

一是加强党的集中统一领导。“防范化解重大风险，是各级党委、政府和领导干部的政治职责”。各级党委和政府要从讲政治的高度来审视防范化解风险挑战工作，牢固树立责任意识，自觉担负起“促一方发展、保一方平安”的政治责任。要把防范化解重大风险摆在工作全局中来谋划，与经济社会发展统筹部署、一体推进。要增强工作的积极性主动性创造性，切实把自身职责范围内的风险挑战防控好，决不能把防范化解风险挑战的责任都推给上面，也不能把责任都推到下面、留到后面，更不能在工作中不负责任地放任风险、制造隐患。要健全党委统一领导、党政齐抓共管、部门各负其责、社会公众参与的体制机制，形成强大合力。要强化党政同责、一岗双责、失职追责，实行最严格的责任追究

制度。党政一把手要亲自谋划、亲自部署、亲自推动防范化解风险挑战各项工作，不回避任何一个问题、不忽视任何一个风险、不放过任何一个隐患。党员、干部要以对党忠诚、为党分忧、为党尽职、为民造福的政治担当，以更严作风、更实举措把防范风险挑战的各项决策部署落到实处。

二是着力防范化解各种重大风险挑战。习近平既统揽全局又聚焦重点，对当前和今后一个时间我国发展面临的政治、意识形态、经济、科技、社会、生态、外部环境、党的建设等领域重大风险进行了深刻分析，提出了明确要求。比如：关于防范化解政治安全风险，他强调必须把维护国家政治安全特别是政权安全、制度安全放在第一位，坚持中国特色社会主义政治发展道路，坚决维护国家主权和领土完整；关于防范化解意识形态风险，他强调必须坚持马克思主义在意识形态领域的指导地位，大力培育和践行社会主义核心价值观，加强思想政治工作，营造风清气正的网络空间；关于防范化解经济发展风险，他强调要平衡好稳增长和防风险的关系，防止发生系统性金融风险，在推动高质量发展中防范化解风险；关于防范化解科技安全风险，他强调要增强自主创新能力，强化国家战略科技力量建设，加快关键核心技术突破，防范大数据等新技术带来的风险；关于防范化解社会稳定风险，他强调要着力推进社会治理系统化、科学化、智能化、法治化，做好矛盾纠纷源头化解和突发事件应急处置工作；关于防范化解生态安全风险，他强调要以解决人民群众反映强烈的大气、水、土壤污染等突出问题为重点打赢污染防治攻坚战，加快建立健全以生态系统良性循环和环境风险有效防控为重点的生态安全体系，着力提升突发环境事件应急处置能力；关于防范化解外部环境风险，他强调要加强海外利益保护，完善安全风险防范体系，全面提高境外安全保障和应对风险能力，特别要注重完善共建“一带一路”安全保障体系，为我国改革发展稳定营造良好外部环境；关于防范化解党的建设面临的风险，他强调必须以彻底的自我革命精神推动全面从严治党向纵深发展，严加防范各种违背初心和使命、动摇党的根基的危险，坚决清除一切损害党的先进性、弱化党的纯洁性的因素，永葆党的生机活力。针对近年来频频发生的生物安全风险，习近平强调要把生物安全纳入国家安全体系，系统规划国家生物安全风险防控和治理体系建设，全面提高国家生物安全治理能力。此外，他还对军事、能源、粮食、安全生产等其他领域的重大风险进行了分析。这些重要思考针对性、实效性很强，我们必须认真落实这些重点工作任务。

三是加强战略谋划，讲究策略方法。习近平提出了“下好先手棋，打好主动仗”的方针，强调要“积极主动防范风险、发现风险、消除风险”。首先，要居安思危，科学预判风险。“预判风险所在是防范风险的前提，把握风险走向是谋求战略主动的关键”。要常观大势、常思大局，见微知著、一叶知秋，科学预见形势发展走势和隐藏其中的风险挑战，做到觉察在先、发现在早。其次，要知危图安，主动防范风险。对容易诱发重大风险挑战和突发事件的敏感因素、苗头性倾向问题，要做到眼睛亮、见事早、行动快，下好防范风险的先手棋，做好应对任何形式的矛盾风险挑战的准备，努力消除隐患因素。“在战术上要高度重视和防范各种风险，早作谋划，未雨绸缪，及时采取应对措施，尽可能减少其负面影响。”再次，要转危为安，有效化解风险。风险挑战一旦来了，就要沉着应对，拿出实招硬招，果断处置事态。“要提高风险化解能力，透过复杂现象把握本质，抓住要害、找准原因，果断决策，善于引导群众、组织群众，善于整合各方力量、科学排兵布阵，有效予以处理。”

四是增强驾驭风险本领，提高应对能力。面对纷繁复杂的形势变化，一些党员、干部缺乏敏锐性和鉴别力，把握不准发展趋势，觉察不到蕴藏其中的机遇和挑战，找不出有效管用的好思路好办法。这次抗击新冠肺炎疫情斗争中，一个值得我们深思的现象是，一些党员、干部的治理能力和专业水平明显跟不上，导致防控措施不及时、不到位。这些都表明，当前党员、干部队伍能力不足、“本领恐慌”的问题比较突出。防范化解风险挑战，要求我们既要政治过硬又要本领过硬，既要敢于直面矛盾问题又要善于化解矛盾问题。当今时代，防范化解风险挑战已经成为复杂的社会系统工程，对专业化、专门化、精细化提出了越来越高的要求。党员、干部要适应世情、国情、党情、民情的新变化，自觉加强学习、勤于实践，不断增强防范、管控、化解风险挑战的科学性、预见性、原则性、系统性。要着力完善知识结构，既要多学一些政治、经济、科技、法律等方面的知识，也要多学一些国际、战略、心理等方面的知识，努力成为又博又专、兼收并蓄、融会贯通的通达之才。要时刻保持如履薄冰、见叶知秋的敏锐，着力提高驾驭风险、迎接挑战的能力，高度警惕、精准研判各种风险挑战，妥善处理各种复杂矛盾，牢牢掌握发展的主动权。

防范化解风险挑战，是具有新的历史特点的伟大斗争的一种形式。习近平关于防范化解风险挑战的战略思考及生动实践，大大加深了我们对新的历史特点的伟大斗争的理解。在前进道路上，我们遇到的风险考验只会越来越复杂，我们面临的各种斗争不是短期的而是长期的，至少要伴随我们实现第二个百年奋斗目标、建设社会主义现代化强国的全过程。要充分认识防范化解风险挑战的艰巨性、长期性、复杂性，做好较长时间应对风险挑战的思想准备和工作准备。要坚持用全面、辩证、长远的眼光分析面临的风险挑战，善于从危机中捕捉和创造机遇，努力在危机中育先机、于变局中开新局。要着力推进风险防控工作精准化、精细化，真正做到来之能战、战之必胜。

（作者系中共中央党史和文献研究院信息资料馆馆长、研究员）

三、当代思考

中国共产党防范化解重大风险的百年演进*

马宝成

中国共产党自成立之日起，就自觉担负起防范化解各类重大风险的历史使命。百年党史就是一部防范化解重大风险的鲜活历史。一百年来，中国共产党不断总结教训、积累经验，有效防范化解了各类重大风险，团结带领中国人民朝着实现中华民族伟大复兴的目标不断胜利前进。

中国共产党防范化解重大风险的百年历程

新民主主义革命时期，中国共产党高度重视防范化解中国革命面临的重大风险。中国共产党成立后，在深刻吸取大革命失败教训的基础上，从中国国情出发，通过建立农村革命根据地、农村包围城市、武装夺取政权等，开辟出一条中国特色革命道路。在这一过程中，中国特色革命道路主要面临国民党反动派、日本帝国主义的重大挑战，也面临党内“左”的、右的错误给革命带来的重大风险。在革命处于低潮时，党不仅面临国内外各种反动势力的破坏和镇压、革命随时可能被强大的敌人“围剿”的重大风险，还要应对党内因为理论准备不足、革命经验缺乏、物质条

* 选自《学习时报》2021年9月6日。

件艰苦、战争环境恶劣所带来的各种风险和挑战。中国共产党带领和依靠广大人民群众，打响八一南昌起义的枪声，举起秋收起义的大旗，粉碎国民党“围剿”，进行了二万五千里长征，积极推动国共合作，形成抗日民族统一战线，防范化解了可能中断甚至葬送革命的重大风险挑战。在革命胜利前夕，我们党也时刻对面临的各种重大风险保持高度警惕。毛泽东在党的七大上作报告，在讲“准备吃亏”、准备对付困难时一口气列了 17 条困难，他说：“许多事情是意料不到的，但是一定要想到，尤其是我们的高级负责干部要有这种精神准备，准备对付非常的困难，对付非常的不利情况。”在即将取得全国革命胜利时，我们党以“赶考”的精神，全力做好防范化解夺取全国政权面临的一切可能的重大风险。在党的七届二中全会上，毛泽东又对全党同志提出了“两个务必”，即“务必使同志们继续地保持谦虚、谨慎、不骄、不躁的作风，务必使同志们继续地保持艰苦奋斗的作风”。“两个务必”的提出，为即将执政的共产党人敲响了警钟。

社会主义革命和建设时期，中国共产党积极主动防范化解执政面临的各种重大风险。新中国成立后，我们党在如何巩固新生政权方面遇到了前所未有的风险挑战。一方面，国内外敌对势力妄图趁新政权立足未稳之际大搞颠覆破坏；另一方面，党内官僚主义、脱离群众、特权腐败等不良作风也开始局部暴露出来。这些都给新生政权带来了重大风险挑战。我们党以高度的历史责任感、使命感和强大的领导力、号召力，对内以肃清敌特为重点，对外以坚持独立自主的和平外交政策为主，同时大力整顿党内不良作风，维护了国家主权，巩固了党的执政地位。在社会主义改造取得决定性胜利后，国内主要矛盾已经转变为人民对于建立先进的工业国的要求同落后的农业国的现实之间的矛盾，以及人民对于经济文化迅速发展的需要同当前经济文化不能满足人民需要的状况之间的矛盾。全国人民的主要任务是集中力量发展社会生产力，实现国家工业化。为了巩固新生政权，还要加强人民民主专政。同时，还要坚持民主集中制，加强执政党建设，加强党和人民群众的联系等。社会主义建设道路是一项前无古人的艰辛探索，没有任何经验可以借鉴，一个重大问题、一个重大关系处理不当就可能演变成重大风险，给社会主义建设带来严重危害。必须高度注重防范化解这一探索过程中可能发生的各种风险。

改革开放和社会主义现代化建设新时期，我们党始终注重防范化解改革开放可能遇到的各种重大风险。党的十一届三中全会，开启了改革开放和社会主义现代化的伟大征程。邓小平指出：“我们要把工作的基点放在出现较大的风险上，准备好对策。这样，即使出现了大的风险，天也不会塌下来。”针对思想僵化、教条主义盛行、体制机制滞后的现状，邓小平强调要解放思想、实事求是，把实践作为检验真理的唯一标准。世纪之交，我国处于改革开放和社会主义现代化建设的关键时期，我们党提出“四项基本原则是现代化建设最重要的政治保证”“改革是社会主义制度的自我完善”等重大论断，有效化解了所面临的政治风险。针对经济社会发展存在的全面、协调、可持续水平不高的问题和风险，我们党提出科学发展观，解决了实现什么样的发展、怎样发展这个重大理论和实践问题。针对党员队伍中存在的理想丧失、信仰错位、精神懈怠、作风漂浮等问题，我们党提出党的作风关系党的形象、关系人心向背、关系党的生命等论断，有效化解了党的自身建设面临的风险。在对外关系方面，我们党从容应对了一系列关系国家主权和安全的国际突发事件，战胜了在政治、经济和自然领域出现的风险挑战，保证了中国特色社会主义事业始终沿着正确的轨道前进。

中国特色社会主义新时代，中国共产党坚持底线思维，着力防范化解可能阻滞或中断中华民族伟大复兴进程的全局性重大风险。党的十八大以来，以习近平同志为核心的党中央，从中国特色社会主义现代化建设的实际出发，面对世界百年未有之大变局和国内改革发展稳定任务繁重的复杂形势，运筹帷幄，妥善化解来自国际国内、党内党外、政治经济社会等各领域各方面的重大风险，确保中华民族伟大复兴的巨轮在惊涛骇浪中稳步前行。从世情上看，当今世界正面临着秩序之变，新的世界格局的变化带来了经济政治风险。从国情上看，国内社会主要矛盾发生新变化，如果处理不当，将动摇党的执政根基、加剧国内政治风险。从党情上看，党内存在的政治问题还没有得到根本解决，将严重威胁党的执政地位和国家政权安全。对此，我们既从全局层面上高度重视防范化解有可能阻滞或中断中华民族伟大复兴进程的重大风险，又在微观层面上特别注重经济社会发展各领域的具体风险挑战。习近平总书记明确指出，新形势下我国国家安全和社会安定面临的威胁和挑战增多。我们必须坚持系统观念，高度重视不同类型风险之间的关联性、传导性、叠加性，有效防范化解政治、意识形态、经济、社会、生态、科技、网络、信息等国家安全重点领域的重大风险挑战。我们一以贯之强调防范化解重大风险的思想方法，要求全党增强忧患意识，努力做到居安思危，坚持底线思维，凡事从坏处准备，努力争取最好的结果，做到有备无患，遇事不慌，牢牢把握防范化解重大风险的主动权。

中国共产党防范化解重大风险的宝贵经验

我们党在防范化解重大风险的百年历程中积累了丰富经验，这些经验来之不易、弥足珍贵，是新时代防范化解重大风险的重要遵循。

必须始终坚持党的领导，决不能在根本性问题上犯颠覆性错误。中国是一个大国，决不能在根本性问题上出现颠覆性错误，一旦出现就无法挽回、无法弥补。因而，在面对任何风险时，必须坚持党的基本理论、基本路线、基本方略，始终保持在根本性问题上坚持正确的航向。

必须坚持底线思维，牢牢把握防范化解重大风险主动权。我们必须在防范化解重大风险中守住客观规律底线，不能违背事物发展的客观规律；守住社会道德底线，树立良好的道德形象；守住勤政廉洁底线，做到勤政为民、廉洁公正；守住党规党纪底线，坚决同违规乱纪行为作斗争；守住法律法规底线，在法律的规范内行事，带头依法办事，带头遵守法律。力争把风险化解在源头，不让小风险演化为大风险，不让个别风险演化为综合风险，不让局部风险演化为区域性或系统性风险，不让经济风险演化为社会政治风险，不让国际风险演化为国内风险。

必须不断健全完善防范化解重大风险的体制机制。党防范化解重大风险的历史，也是防范化解重大风险体制机制不断完善的历史。通过风险监控技术的运用，建立风险预警监测机制，提高风险识别水平。充分发挥评估力量的作用，健全风险评估机制，科学评估风险的等级，为化解风险提供科技支撑。不断加强并突出风险决策层级与处置原则，优化风险决策指挥机制，提升决策的科学性。不断改进风险治理动员机制，动员一切可动员的力量参与风险治理。把专家咨询、公众参与、风险评估、合法性审查和集体讨论统筹起来，完善风险协调联动机制，解决风险处置中的“碎片性”问题。实施风险信息公开机制，做到信息传递的及时无误、全覆盖。完善风险基础保障机制，把一切管用的、能调动的资源都调动起来，形成支撑风险治理的资源性支持。

必须注重运用法治思维和法治方式防范化解重大风险。2020年2月5日，习近平总书记在主持召开中央全面依法治国委员会第三次会议时强调，疫情防控正处于关键时期，依法科学有序防控至关重要。疫情防控越是到最吃劲的时候，越要坚持依法防控，在法治轨道上统筹推进各项防控工作，保障疫情防控工作顺利开展。要针对这次疫情防控暴露出来的应急管理法治体系的不足，尽快修订、制定相关法律制度，进一步完善各类重大风险预测、预警、预防、化解、动员等方面的法律法规及配套规定，注重通过立法形式，提高运用法治思维和法治方式防范化解重大风险的水平。坚持依法依规防范化解重大风险，运用法治思维和法治方式提高防范化解重大风险的法治化、规范化水平，系统梳理和修订相关法律法规，抓紧研究制定防范化解重大风险有关的法律法规。

必须着力提高领导干部防范化解重大风险的能力。防范化解重大风险，必须发扬斗争精神，提高斗争本领。切实增强政治判断力、政治领悟力、政治执行力，把战胜风险挑战作为斗争历练，在攻坚克难、闯关夺隘中直面矛盾，真刀真枪、动真碰硬，勇于涉险滩、破难题、攻堡垒、克难关，勇于战胜前进道路上的各种艰难险阻，切实把改革发展稳定各项工作做实做好。重点提高风险预警能力，定期、定点对风险的发生和危及范围进行科学预测，并采取相应防范措施进行避害或将危害的发生缩小在最小范围。切实提高快速处置能力，在第一时间作出反应、采取措施，遏制风险的发展和升级，尽快恢复社会正常秩序。提高信息沟通能力，及时获取并发布真实信息。尽快提升防范化解风险的基础能力，把防范化解风险教育纳入国民教育体系，加强公益宣传，提高全民防范化解风险意识和能力。

［作者系中共中央党校（国家行政学院）应急管理培训中心主任、教授］

坚持统筹发展和安全两件大事*

薛侃

统筹发展和安全两件大事，是党中央基于新发展阶段的新特征新要求，为防范化解各类风险挑战而确定的重大工作方针。党的十九届五中全会首次把统筹发展和安全纳入“十四五”时期我国经济社会发展的指导思想，并列专章作出战略部署，强调要加强国家安全体系和能力建设，筑牢国家安全屏障。这一重要论述和重大部署，阐明了安全是发展的前提、发展是安全的保障，突出了安全发展在党和国家工作大局中的重要地位和重大意义。

一

习近平总书记指出，“我国正处于一个大有可为的历史机遇期，发展形势总的是好的，但前进道路不可能一帆风顺，越是取得成绩的时候，越是要有如履薄冰的谨慎，越是要有居安思危的忧患，绝不能犯战略性、颠覆性错误”。我们应积极主动、未雨绸缪，以更长远的战略眼光把握改革发展稳定面临的新课题，更加自觉地将安全发展贯穿国家经济社会发展的各领域和全过程，不断增强风险意识，树立底线思维，把困难估计得更充分一些，把

---

* 选自《红旗文稿》2021 年第 21 期。

风险思考得更深入一些，下好先手棋、打好主动战，有效防范化解各类风险挑战。各级党委政府要切实肩负起“促一方发展，保一方平安”的政治责任，确保社会主义现代化事业顺利推进。

在推动发展过程中，必须提高系统思维能力，坚持发展地而不是静止地、全面地而不是片面地、系统地而不是零散地、普遍联系地而不是单一孤立地，妥善处理发展中的各种重大关系。倘若没有安全发展，不但发展过程可能受到影响而不可持续，而且发展成果也难以长久维系。一方面，安全是发展的支撑和保障。面对经济社会运行中遇到的各种内生性和外生性风险，如果缺乏有效的应对措施，那么风险就可能演变成重大事故或公共安全事件，给经济社会发展带来严重损失，发展就成了“无源之水、无本之木”。另一方面，安全还是高质量发展的题中应有之义。安全是一种“生产要素”，在典型公共安全领域，通过止损和增效的形式创造价值；在重要的产业领域，也创造出了实实在在的产品、服务和价值。因此，高质量发展与高水平安全是一致的。坚持统筹发展和安全有助于全党全国坚持系统观念，一体领会、一体贯彻“更高质量、更有效率、更加公平、更可持续、更为安全的发展”的内在要求，从而协同发力、形成合力。

从外部环境看，国际形势进入加速演变和深刻调整的时期，世界经济陷入低迷，新冠肺炎疫情影响广泛深远，科技、文化、政治等格局都在发生复杂变化，各类风险挑战加速积聚，我国面临更加多元复杂的安全威胁，维护国家主权、安全、发展权益的任务更为艰巨繁重。从内部情况看，当前我国正处于推进实现中华民族伟大复兴的关键时期，作为一个发展中大国，仍面临诸多发展不平衡不充分问题，科技自立自强存在诸多“卡脖子”问题，金融风险、产业转型、就业压力等各类问题凸显，社会治理、安全生产领域事故隐患和风险交织叠加，这些都对我国经济社会发展定力和能力形成了巨大考验。由此，必须坚持统筹国内国际两个大局、办好发展安全两件大事，对内求发展、求变革、求稳定、建设平安中国，对外求和平、求合作、求共赢、建设和谐世界。坚持统筹发展和安全，有利于向国际社会宣示中国坚持和平发展的坚定信念，引导各国树立共同、综合、合作、可持续的国际安全观，走共建共享共赢的安全之路，为我国发展营造更为有利的国际环境；也有利于统一国内各方面的思想和行动，加快形成新的思维方式、行为方式、工作方式，建立健全安全发展的制度框架和政策体系，在深刻变化的世界发展态势和国际格局中赢得战略主动。

二

习近平总书记指出，“必须坚持总体国家安全观，以人民安全为宗旨，以政治安全为根本，以经济安全为基础，以军事、文化、社会安全为保障，以促进国际安全为依托，走出一条中国特色国家安全道路”。在实现第二个百年奋斗目标的新征程上，要全面深入贯彻总体国家安全观，坚定统筹发展和安全，进一步明确和坚持安全发展的目标、原则和路径，积极应对各种风险挑战，持续推动人民安居乐业、国家长治久安、世界和平发展，不断谱写安全发展新篇章。

当前，中华民族伟大复兴进入了不可逆转的历史进程。国内环境和谐稳定，国际环境和平安宁，是实现这一伟大目标的基本前提。随着离实现中华民族伟大复兴的目标越来越近，围绕经济建设、政治建设、文化建设、社会建设、生态文明建设各领域，把促进发展和保证安全、努力建设和防范风险结合起来，有效抵御国际环境变化和国内改革发展稳定任务带来的各种风险挑战，夯实国家安全的经济社会高质量发展基础，进而增强全国人民对中国特色社会主义的道路自信、理论自信、制度自信、文化自信，为实现中华民族伟大复兴提供坚强安全保障。

坚持党的全面领导是做好安全发展工作的根本原则，是维护国家安全和社会安定的根本保证。只有坚持党的全面领导，充分发挥党总揽全局、协调各方的领导核心作用，才能有效强化国家安全工作的顶层设计，为安全发展提供政治保证。要以党的旗帜为旗帜、党的方向为方向、党的意志为意志，切实加强党对国家安全工作集中统一领导。健全国家安全制度和国家安全保障措施，把安全发展工作责任落到实处，实现守土有责、守土尽责。

只有人民安居乐业，政治才会稳定、社会才会和谐、经济才会繁荣。做好国家安全工作，其根本任务就是全方位保障人民安全，为人民创造良好生存发展条件和安全稳定的社会环境，保障人民生命财产安全和其他合法权益。要始终把群众路线作为国家安全工作的生命线、作为安全发展的基本要求，坚持以经济建设为中心，进一步解放和发展社会生产力，为人民安全提供日益雄厚的物质基础。要维护社会公平正义，通过全面深化改革，逐步建立社会公平保障体系，努力实现公共服务均等化，保障人民当家作主的各项权利，为人民安全提供充分的社会条件。

三

习近平总书记特别强调安全发展的系统性和整体性，要求党员干部增强总体国家安全观的系统性思维，为新发展阶段的安全发展提供了方法论指导。总体国家安全观包含的五对关系，即外部安全与内部安全、国土安全与国民安全、传统安全与非传统安全、发展问题与安全问题、自身安全与共同安全，都蕴含着有机统一、密不可分的内在联系。要始终把安全发展置于基本国情、社会发展、国际环境的全局中来把握，统筹好不同领域、不同性质的安全工作，将安全发展的各种要素和环节有机统一起来，以系统思维实施整体行动、实现综合效果。

完善国家安全治理体系。建立健全国家安全领导体制，形成党委领导、政府负责、社会协同、公众参与、法治保障的安全治理体系。要从立法、执法、司法、普法、守法各环节全面发力，加快形成一套立足基本国情、体现时代特点、适应战略安全环境的中国特色安全发展法律法规体系。在自然灾害、公共卫生等诸多领域，认真评估、及时制定修订抢险救灾、灾害救助等方面的规范性文件，建立完善相关政策、规程和标准，构建集各领域安全为一体的安全发展制度保障体系。各级党委和政府要切实把思想认识和行动统一到党中央决策部署上来，把安全工作责任落到实处，加大投入力度，完善政策措施，强化要素保障，切实提高安全风险防控现代化水平。

聚焦安全发展重点领域。维护政治安全，要坚决捍卫国家政权安全、制度安全，牢牢掌握意识形态工作领导权、管理权、话语权，严密防范抵御“颜色革命”，依法严密防范、打击敌对势力渗透颠覆破坏活动，依法保障“一国两制”实践，反对一切分裂祖国的活动。维护经济安全，要坚持中国特色社会主义基本经济制度不动摇，把发展实体经济作为重中之重，提升产业链供应链完整性，增强产业体系抗冲击能力。加快推进科技自立自强，加快补齐短板，强化国家战略科技力量建设，切实解决核心技术受制于人的问题。实施粮食安全战略，加强粮食生产、仓储、物流和供应能力建设。强化能源安全，保障煤电油气稳定供应。维护金融稳定，守住不发生区域性、系统性金融风险的底线。维护社会安全，努力满足人民群众对过上美好生活的更高期待和对安全的更高标准，大力推进更高水平的平安中国建设，在提高社会治理整体水平、打击黑恶势力、遏制重特大安全事故上下功夫，不断增强人民群众安全感。要坚持人民至上、生命至上，打好新冠肺炎疫情防控人民战争，加强应急管理体系建设，强化生物安全监管和风险防控，保障食品药品安全，确保维护人民生命安全落到实处。要形成强有力的海外利益安全保障体系，强化对涉外贸易、知识产权、人权保障等方面的支持。坚定奉行独立自主的和平外交政策，推动构建人类命运共同体，搭建地区安全和合作新架构，共同打击恐怖主义、分裂主义和极端主义，积极参与全球治理体系改革和建设，努力走出一条共建共享共赢的安全发展之路。

提高安全发展能力水平。要提升党员干部特别是各级领导干部统筹发展和安全的本领，通过加强学习，确立安全发展的自觉和自信，把这一重要原则贯穿到工作活动全过程，提高准确识别、精准预测、高效响应和妥善应对各类风险的能力，坚决克服麻痹思想、厌战情绪、侥幸心理、松懈心态。着力发挥改革推动作用和法治保障作用，促进安全发展原则转化为谋划安全发展的具体思路、落实安全发展任务的工作举措、实现高质量发展的实际成效。努力提高全社会安全风险防范意识，加强安全法律法规和安全知识宣传教育，不断提高安全意识和自我防护能力，形成“安全发展、人人有责、人人可为”的共识。

（作者系上海市杨浦区区委书记）

坚持底线思维，防控重大风险，立于不败之地*

颜晓峰

中国共产党在内忧外患中诞生，在磨难挫折中成长，在攻坚克难中壮大。党的百年历程极不寻常、极为不易，在敌我力量对比极其悬殊的条件下夺取革命和战争胜利，建立了新中国；在艰难困苦的情况下探索社会主义建设道路；在应对和扭转混乱局面后成功开创中国特色社会主义；在环境复杂、变化加快、风险增多的形势下坚持和发展中国特色社会主义。坚持底线思维，运用马克思主义世界观和方法论，居安思危、未雨绸缪，化被动为主动、变风险为机遇，是我们党取得革命、建设、改革成功的一条宝贵经验。

一、始终保持高度的忧患意识，充分做好应对严峻形势和各种复杂局面的准备

底线思维是客观地设定最低目标，立足最低点，争取最大期望值的思维方式。底线思维最低目标的设定，往往都和防范可能的风险相关，因此，底线思维来自于关于风险的忧患意识。我们党是生于忧患、成长于忧患、壮大于忧患的马克思主义政党，始

* 选自《党的文献》2021 年第 4 期，收录时略有改动。

终有着强烈的忧患意识。增强忧患意识，做到居安思危，是我们党百年来的一条重要经验。共产党人的忧患意识，就是忧党、忧国、忧民意识，这是一种责任，更是一种担当。

毛泽东在领导创建人民军队的初期，不仅清醒地看到革命斗争的严峻性，而且清醒地看到红军党内各种非无产阶级思想的危害性，以一种强烈的忧党忧军意识，推动召开红军第四军第九次党代会，作出古田会议决议，纠正和肃清各种非无产阶级思想。毛泽东指出："红军第四军的共产党内存在着各种非无产阶级的思想，这对于执行党的正确路线，妨碍极大。若不彻底纠正，则中国伟大革命斗争给予红军第四军的任务，是必然担负不起来的。"古田会议提出了解决把以农民为主要成分的军队建设成为无产阶级性质的新型人民军队这个根本性问题的原则和方向，使我们这支军队实现了浴火重生、凤凰涅槃，逐步从小到大、由弱到强。

在即将夺取革命胜利的前夕，我们党尤为强调保持强烈的忧患意识。在党的七届二中全会上，毛泽东谆谆告诫全党，因为胜利，党内的骄傲情绪，以功臣自居的情绪，停顿起来不求进步的情绪，贪图享乐不愿再过艰苦生活的情绪，可能生长。因为胜利，党的队伍中的意志薄弱者可能经不起资产阶级糖衣炮弹的攻击，必须预防这种情况。因此，毛泽东提出"两个务必"，作为始终保持共产党人政治本色的重要要求。新中国成立后，我们党坚持不懈防止党内各种不良倾向的滋长，下大气力抵御糖衣炮弹的侵袭，使广大党员、干部在社会主义革命和建设中始终充分发挥先锋模范作用。

"安而不忘危，存而不忘亡，治而不忘乱。"党在长期执政的条件下、在历史发展的上升期，事业越前进越发展，新情况新问题就会越多，面临的风险和挑战就会越多，面对的不可预料的事情就会越多。越是在这种时候越要保持清醒头脑，越是要有如履薄冰的谨慎，越是要有居安思危的忧患意识，把各种风险挑战考虑清楚，绝不能犯战略性、颠覆性的错误。党的十八大以来，习近平反复强调增强忧患意识。2018 年 1 月，在学习贯彻党的十九大精神专题研讨班开班式上，习近平在讲话中列举了 8 个方面 16 个具体风险，既包括国内的经济、政治、意识形态、社会风险以及来自自然界的风险，也包括国际经济、政治、军事风险等，其中提到“像非典那样的重大传染性疾病，也要时刻保持警惕、严密防范”。当前，我们已经实现了第一个百年奋斗目标并向着全面建成社会主义现代化强国的第二个百年奋斗目标迈进。在新的征程上，我们必然还会面临更为艰巨的任务和更为严峻的风险挑战。“我们必须增强忧患意识、始终居安思危，贯彻总体国家安全观，统筹发展和安全，统筹中华民族伟大复兴战略全局和世界百年未有之大变局，深刻认识我国社会主要矛盾变化带来的新特征新要求，深刻认识错综复杂的国际环境带来的新矛盾新挑战，敢于斗争，善于斗争，逢山开道、遇水架桥，勇于战胜一切风险挑战。”

二、立足最困难的情况，争取最有利的结果，占据战略主动

坚持底线思维，要求我们把战略的基点放在最坏的基础上来设想，从最坏的可能性来考虑。凡事从最坏处着眼、作最充分准备、向最好处努力、争取最好结果，打有准备、有把握之仗，牢牢把握主动权，这样才能有备无患、遇事不慌。强化底线思维，就是要求把难点和复杂性估计得更充分一些，把各种风险想得更深入一些，不要因为估计不足而在危机发生时陷于被动。只有居安思危，才有可能把握未来的变化，才有可能在危机来临时把损失减小到最低限度，从而防范系统性风险。

新民主主义革命时期，面对强大的敌人，我们党始终保持清

醒的危机意识和大无畏的革命精神，以弱胜强、反败为胜，终成气象。到党的七大时，我们党已有121万党员、90多万人民军队和9550万人口的解放区。毛泽东从党的历史经验出发，突出强调在“光明多得很”的情况下，“更要准备困难”，“要把估计放在最困难的基础上”。他一口气列举了17条可能的困难，告诫全党要“准备吃亏”。毛泽东指出：“如果我们不准备不设想到这样的困难，那困难一来就不能对付，而有了这种准备就好办事。”正是由于我们党在中国革命的关键时刻有这样的精神准备、能力准备、战略准备，才能相继赢得抗日战争和解放战争的伟大胜利，建立了新中国。

党的事业前进发展是在伟大斗争中进行的。新中国成立后，我国始终坚持与美国等西方资本主义国家进行斗争，打破它们对我国的封锁制裁、遏制打压。改革开放后，我们时刻保持斗争意识，坚持自主自立自强，时时做好应对资本主义国家卡我们脖子、逼我们就范的准备。1989年政治风波平息之后，美国等西方国家对我国实施制裁。邓小平告诫全党，对这股逆流要旗帜鲜明地坚决顶住，不信邪、不怕鬼、压不垮。西方国家的制裁没有让中国屈服和孤立，经过斗争和努力，我国有效应对了种种外部挑战，为改革开放和社会主义现代化建设赢得了更加有利的国际环境。

习近平强调：“各种风险我们都要防控，但重点要防控那些可能迟滞或中断中华民族伟大复兴进程的全局性风险，这是我一直强调底线思维的根本含义。”我们党清醒意识到，中华民族迎来从站起来、富起来到强起来的伟大飞跃后，中国特色社会主义的成功和不断扩大的影响力，势必进一步遭到敌对势力的遏制和打压。在中国日益走近世界舞台中央的进程中，其他国家处心积虑对我国加以遏制的风险，不是缓和了，而是加剧了。在此情况下，必须坚持底线思维，增强风险意识，科学统筹中华民族伟大复兴战略全局和世界百年未有之大变局，努力推动“两个大局”的历史交汇向着有利于全面建设社会主义现代化国家和实现中华民族伟大复兴的方向发展，确保党和国家事业的巍巍巨轮行稳致远。

三、勇于面对风险挑战，善于转危为安、化危为机，在斗争中发展壮大

底线思维并不是消极守成、画地为牢，而是内含着充分发挥主观能动性的思维方式，鼓励人们在保底的前提下，追求实践的最佳效果。底线思维作为一种思维方法的独特之处在于，它懂得人的活动的限制性，但凭借有限的舞台，仍然可以导演出许多有声有色、威武雄壮的话剧来。党的百年历史，是一部在经历挫折和磨难中走向成功、在战胜危机和挑战中赢得胜利、在破除困难和障碍中茁壮成长的历史。面对困难和挑战，我们党不畏强敌、不惧风险、敢于斗争、勇于胜利，不但没有被惊涛骇浪击倒、没有被狂风暴雨打垮、没有被激流洪水冲散，反而愈斗愈坚、愈战愈强。钢铁就是这样炼成的，百年大党就是这样风华正茂的。

在新民主主义革命时期，我们党曾经历大革命的失败和第五次反“围剿”的失败。大革命失败后，党和人民并没有被吓倒，而是爬起来继续战斗。毛泽东领导开创了农村包围城市、武装夺取政权的革命道路，确立了符合中国实际的正确革命道路。第五次反“围剿”失败后，红军被迫战略转移，党处于生死攸关的境地。长征途中的遵义会议，事实上确立了毛泽东同志在党中央和红军的领导地位，开始确立以毛泽东同志为主要代表的马克思主义正确路线在党中央的领导地位，开始形成以毛泽东同志为核心的第一代中央领导集体，这是我们党和革命事业转危为安、不断打开新局面最重要的保证。长征胜利实现了北上抗日的战略转移，实现了党和革命事业从挫折走向胜利的伟大转折。长征是革命的宣言书、宣传队、播种机。

新中国成立后，我们党面对国民党留下来的烂摊子，面对复杂形势和种种考验，采取一系列积极稳健的政策措施，迅速恢复发展了国民经济，巩固了新生的人民政权；十一届三中全会后，我们党彻底否定了“文化大革命”的错误实践和理论，坚决顶住否定毛泽东和毛泽东思想的错误思潮，重新确立马克思主义的思想路线、政治路线、组织路线，成功开启了改革开放和社会主义现代化建设新时期。20 世纪 80 年代末 90 年代初，苏东剧变，社会主义在世界范围内的实践遭遇挫折、陷入低潮。我们党坚持“一个中心，两个基本点”的基本路线不动摇，成功捍卫了中国特色社会主义。1992 年，邓小平发表南方谈话，反复强调抓住时机、加快发展。对于一些社会主义国家出现的严重曲折，他认为，“将促使社会主义向着更加健康的方向发展”。进入新世纪，我们党有效应对了亚洲金融危机和 1998 年特大洪灾、四川汶川特大地震、甘肃舟曲特大山洪泥石流等重大自然灾害，夺取了抗灾救灾和灾后恢复重建工作的重大胜利；有效应对了国际金融危机冲击，继续保持经济和社会发展的良好态势。

党的十八大以来，我们进行具有许多新的历史特点的伟大斗争，一以贯之增强忧患意识、防范风险挑战，着力破解突出矛盾和问题，有效应对和化解了各种风险挑战。在极不寻常的 2020 年，新冠肺炎疫情突如其来，洪涝灾害多地发生，经济发展备受冲击，外部环境风高浪急，来自政治、经济、文化、军事、社会、国际、自然等领域的挑战纷至沓来。在泰山压顶的严峻时刻，以习近平同志为核心的党中央高瞻远瞩、审时度势，准确研判、精心部署，果断采取行动，带领全党全军全国各族人民众志成城、迎难而上，在危机中育先机、于变局中开新局，进行了一场场惊心动魄的艰巨斗争，经受住了严峻考验，在这极不寻常的年份创造了极不寻常的辉煌，交出了一份人民满意、世界瞩目、足以载入史册的答卷。

一代代中国共产党人，坚定不移高举中国特色社会主义伟大旗帜，不断推进党的各项事业，中国特色社会主义不仅没有像西方政客所预言的那样垮下去，反而创造了经济快速发展、社会长期稳定的奇迹。2021 年 7 月 1 日，习近平在庆祝中国共产党成立 100 周年大会上庄严宣告："经过全党全国各族人民持续奋斗，我们实现了第一个百年奋斗目标，在中华大地上全面建成了小康社会，历史性地解决了绝对贫困问题，正在意气风发向着全面建成社会主义现代化强国的第二个百年奋斗目标迈进。"

四、及时总结经验、深化认识，不断增强底线思维能力和水平，确保党的事业行稳致远

党的百年历史，也是在不同历史时期的各种斗争中不断增强底线意识、提高底线思维能力的过程。通过不断总结经验，自觉提高底线思维水平，党的自身能力越来越强，党的事业越来越发展壮大。

在思维和工作中学习运用马克思主义的世界观方法论，打牢底线思维的科学基础。党的底线思维能力是马克思主义世界观方法论的具体体现。在长期实践中，我们党坚持把马克思主义立场观点方法作为领导活动和决策行为的基本遵循，其中就包括遵循量变质变规律、把握度的界限、促使矛盾转化等科学思维方法。我们党坚持不懈用马克思主义理论武装全党，在提高全党特别是领导干部思维素养的同时提高底线思维能力。100 年来，我们党多次遇到失败、危机、挫折、风险的考验，却都能转危为安、转败为胜，这与党始终坚持底线思维是有密切关系的。

总结经验、发现规律、完善理论，提高底线思维能力水平。党的底线思维能力是一个愈益自觉、愈益提高、愈益完善的过程。

我们党善于从自身成功或失败的经历中总结经验，从中深切认识到政治上清醒的重要性和思想上麻痹的危害性。党的十八大以来，习近平基于对底线思维的深刻洞察，作出一系列重要论述，形成了关于提高底线思维能力的基本观点，为党在新时代有效应对一系列新的风险挑战提供了科学指导。提高底线思维能力，就要积极主动、未雨绸缪，处盛虑衰、防患未然，做好应对任何形式的矛盾风险挑战的准备，做好经济上、政治上、文化上、社会上、外交上、军事上各种斗争的准备，坚决守住不发生系统性风险的底线。要看到短板和不足、困难和挑战，看到形势发展变化给我们带来的风险，以扎实的思路、举措尽快把短板补齐，避免各种各样的短板迟滞我们的工作，影响既定目标的实现。比如，在应对新冠肺炎疫情过程中，我国在重大疫情防控体制机制、公共卫生应急管理体系等方面存在的明显短板暴露出来。习近平明确要求，要总结经验、吸取教训，抓紧补短板、堵漏洞、强弱项，提高应对突发重大公共卫生事件的能力和水平。

推动防范化解重大风险与提高底线思维能力相互促进，确保党的事业始终立于不败之地。我们党自觉提高底线思维能力的理论和实践，切实保证了党能顺利应对风险挑战、战胜惊涛骇浪。我国抗疫斗争取得的重大战略成果，正是党的十八大以来以习近平同志为核心的党中央增强忧患意识、坚持底线思维、防控重大风险、进行伟大斗争的显著成效和充分证明。而每一次应对重大风险挑战的胜利，又成为增强底线思维能力的重要契机。在全面建设社会主义现代化国家新征程中，可以预料和难以预料的重大风险仍然很多，必须更加重视提高底线思维能力，增强风险防范意识，密切监测，准确预判，有效防范，不忽视一个风险，不放过一个隐患，确保中华民族伟大复兴顺利实现。

（作者系天津大学马克思主义学院院长、教授）

非传统安全的威胁及治理策略*

蒋敏

党的十九大报告多次提到安全的命题，把提高人民的安全感作为我们党的奋斗目标之一。在谈到安全问题时，习近平总书记每次都讲到非传统安全，“恐怖主义、网络安全、重大传染性疾病、气候变化等非传统安全威胁持续蔓延”。要“统筹应对传统和非传统安全威胁”。这为我们在新时代思考与应对非传统安全问题指明了方向。的确，在和平与发展依然是时代主题的当今世界，非传统安全因素已对我国国家安全构成严重威胁，需要我们深入思考、冷静应对。

一、非传统安全威胁正日益成为国际社会面临的重大风险

非传统安全是相对于传统安全而言的，一般而言，传统安全主要指军事、政治和外交冲突，除此之外的其他对主权国家及人类整体生存与发展构成的威胁，都可以被称之为非传统安全。由此可见，非传统安全问题有着多种多样的表现形式，而且，随着经济社会的发展、交往范围的扩大，非传统安全问题的清单也在

---

* 节选自《中共云南省委党校学报》2018 年第 3 期，收录时略有改动。

不断拉长、延展，正日益成为世界各国所面临的主要安全挑战。

（一）非传统安全问题日益凸显

党的十九大报告强调，我们必须进行伟大斗争，应对重大挑战、抵御重大风险，非传统安全问题就是我们面临的重大挑战、重大风险之一。进入新时代，中国的综合国力不断提高，军事势力不断增强，政治制度优势不断呈现，国际影响力不断提升，与其他国家发生正面军事冲突、外交冲突的可能性不是太大，所以，传统军事安全、政治安全、外交安全等传统的所谓“高政治领域”的安全，相对而言可能比较容易得到保障。与传统安全日益巩固相对应的是，非传统安全威胁日益显现。

非传统安全问题与综合国力并不是完全的正相关关系，比如自然灾害、航空事故、流行性疾病、恐怖主义、经济危机等，不会因为一个国家经济发达、国力强大而不光临。比如，日本的海啸、地震、核泄漏“三位一体”的综合性非传统安全威胁。中国近几年的环境污染等问题以及全世界的能源安全问题。有些非传统安全问题，比如经济危机，反而倒是容易先从发达国家开始，发端于美国的金融危机就是如此。所以，我们应对非传统安全问题保持足够的警觉，进行严密的防控。

（二）非传统安全问题的特点

非传统安全具有突发性、不确定性、跨国性、复杂性，涉及面广、牵连性强，往往会给我们带来更多的难以料想的挑战与风险。比如，航空灾难，机上乘坐人员可能来自多个国家，而且，谁也预料不到飞机起飞后会遭遇危险。海盗问题，由于其行为既严重威胁事发地周边国家的安全，又危及众多通行国家的利益与安全，加之其成因复杂，涉及政治经济社会等诸多问题，增加了从根源上治理的难度。

（三）非传统安全问题的辩证分析

1. 传统安全与非传统安全联系密切。传统安全具有高政治性的特征，非传统安全具有弱政治性、高社会性的特征，但传统安全与非传统安全的区分是相对的，不是绝对的。

第一，军事安全问题是传统安全问题的主要内容之一，而军事安全是保障甚至解决非传统安全问题的强大后盾，有些时候甚至是解决非传统安全问题的重要和必要手段。比如，对付大规模恐怖主义、海盗问题等。

第二，非传统安全问题会直接影响传统安全。比如，一般认为，恐怖主义是非传统安全问题，但是，若处置不当，也会引发传统安全问题，甚至会导致严重的军事冲突。如果能够从根本上彻底铲除恐怖主义形成与存在的经济政治社会土壤，则会大大降低恐怖袭击事件发生的几率，从而更好地维护国际和平和地区稳定。然而，由于受强烈的自我文化优越感和宗教使命感的支配，美国对其他文明和国家缺乏必要的了解和尊重，长期秉持霸权主义和新干涉主义政策，没有很好地处理与其他文明的关系，在恐怖主义问题上奉行双重标准，过分强调军事反恐，错误地通过强制输出民主的做法来反恐，忽视了恐怖主义问题特殊性，反而为国际恐怖主义的泛滥提供了温床，使其成为国际社会面临的一大公害，导致相关国家的冲突不断、动荡不安。

2. 非传统安全问题的治理需要国际合作。有些非传统安全问题，既是国家性问题，又是地区性问题，还是全球性问题，如果处理不当，引起国际争端，演化成为传统安全问题。比如，网络安全问题，既涉及国家主权与信息安全，同时又具有全球公域的属性，如果处理不好，既不利于问题解决，甚至有可能造成国际关系紧张，甚至是国与国之间的隐形冲突和对抗。

可见，非传统安全本身已超越了“不是你安全，就是我安全”的非此即彼的机械安全模式，而且动态性强。如果处理不当或处理不及时，会影响国家安全、社会秩序、人民生活，甚至会殃及传统安全或演化成为传统安全问题的一部分。因此，超出一国范围之外的非传统安全问题，只能通过加强国际合作来解决。

二、积极应对非传统安全威胁的策略

随着时代的发展，非传统安全这一概念的外延与内涵也在不断丰富，非传统安全甚至正在逐渐取代传统安全，成为影响我国国家安全，影响人民安全感、幸福感的重要因素。我们必须从确立科学的指导思想、建立健全治理机制、提升治理能力等方面，积极应对、科学治理非传统安全问题。

（一）坚持总体国家安全观

总体国家安全观是我们党根据我国安全形势变化的新特点提出的重要指导思想，习近平总书记特别强调总体国家安全观。2014 年 4 月 15 日，在中央国家安全委员会第一次会议上，习近平总书记明确指出：“要准确把握国家安全形势变化新特点新趋势，坚持总体国家安全观，走出一条中国特色国家安全道路。”在党的十九大报告中，习近平总书记再次强调：“必须坚持国家利益至上，以人民安全为宗旨，以政治安全为根本，统筹外部安全和内部安全、国土安全和国民安全、传统安全和非传统安全、自身安全和共同安全，完善国家安全制度体系，加强国家安全能力建设，坚决维护国家主权、安全、发展利益。”为我们树立总体国家安全观指明了方向。

1. 总体国家安全观具有广泛性。习近平总书记在中央国家安全委员会第一次会议上强调的总体国家安全观，包括政治安全、国土安全、军事安全、经济安全、文化安全、社会安全、科技安全、信息安全、生态安全、资源安全、核安全在内的 11 种安全。由此可见，总体国家安全观既涵盖传统安全领域，又涵盖非传统安全领域；既强调国土安全，又强调国民安全；既强调物的层面的安全，也强调人的层面的安全。传统安全与非传统安全是相互关联、彼此影响的，传统安全是非传统安全的基础和前提；非传统安全问题如果处理不当，也会影响一个国家的政治安全、军事安全。

2. 总体国家安全观“以人民安全为宗旨”。非传统安全往往直接威胁着公民的人身、健康、利益、信息、自由、权利、正常生活秩序、正常心理秩序等。总体安全观把非传统安全纳入安全视野，表明我们党由宏观安全到微观安全、由抽象安全到具体安全、由物的安全到人的安全的注意力转移，体现了我们党和国家对人民安全感的真切关照。其中，人民安全是我国最大的利益和最根本的利益，是国家安全的集中体现，没有人民安全，就没有国家安全。

3. 总体国家安全观要求我们把国内社会治理与全球治理结合起来。全球化的时代，中国离不开世界，世界也离不开中国。随着我国与国际社会人员交流、资金交流、文化交流的不断增多，我国人民的安全利益已经延伸到全球多个国家，这就必然要求：我国人民的利益延伸到哪里，国民的安全保卫就要跟进到哪里。这就有了我国近几年的撤侨大营救、亚丁湾护航、国际反恐、打击海盗等国际性的非传统安全治理行动。我们秉持的是“内建平安中国，外建和谐世界”的原则，以国内安全稳定为本，以内为主，先内后外，内外兼顾，内外互动，以内率外，以内保外，以外促内。

（二）坚持共治共享的全球安全治理观

非传统安全问题往往是各国普遍面临的难题，更多的时候还会超出一国掌控范围之外。所以，我们要坚持共治共享的全球安全治理观。

1. 树立人类命运共同体理念。全球化的时代，便捷的交通、发达的网络、彼此勾连的利益、共同面临的挑战，已经把世界各国紧密地联结成为一个“命运共同体”。尤其是许多非传统安全问题，常常是超越单个国家范围的，所以，我们要统筹国内安全与国际安全、自我安全与他人安全，摒弃“不是你安全就是我安全”的非此即彼的冷战思维模式，倡导国与国之间、文明与文明之间建立一种民主、平等的对话协商机制。无论大小、强弱，各国都有平等参与地区性安全事务的权利和义务，也有维护地区安全的责任和义务。中国正在积极参与全球治理，积极推动世界各国携手共建责任共同体、安全共同体，这正是构建人类命运共同体的题中之意。

2. 加强全球合作共治。当今世界上的一些非传统安全问题，诸如生态脆弱、气候变化、资源短缺、恐怖主义、非法移民、难民、流行病等问题，往往涉及人类共同利益与安全，需要世界各国携手合作，共同治理，联手打造“安全共同体”。

第一，不同国家之间面临的非传统安全问题，在成因、治理方面往往有共同的特点。比如非法移民、难民问题、能源、环境污染、反贫困问题，各国在应对这些难题方面，可能形成了独特的策略方案。各国可以加强经验交流、互通治理进度与效果，分享治理心得，共享安全红利。

第二，一些非传统安全问题本身就涉及不同的国家甚至地区，所以，必须加强国际合作，加大共同治理的力度。比如，我国广西、云南等边境省份的一些贩毒人员，与境外特别是东南亚地区国家的一些非法组织联手贩毒，需要我国加强与相关国家甚至国际刑警的联合治理。

在海上丝绸之路建设过程中，面临着海上非法活动、海洋自然灾害、海洋环境污染、海盗等非传统安全威胁，既需要中国承担大国责任，也需要中国加强与沿线有关国家的合作治理，才能实现海上共同安全。

世界性的气候治理、环境维护、生态保护、流行病防治等全球性问题的解决，需要各国联手合作，也需要联合相关国家或非政府组织成立基金会，并把基金会作为融资平台，为合作治理提供资金支撑和技术人才支撑。

金融危机的应对，我们中国既要作出应有的贡献，又要积极主动地建立相关机制。恐怖主义产生的根源是综合多样的，往往由政治、经济、宗教、文化等多种因素冲突而引发。因此，在治理方面，既需要各国通力合作，又需要多方面沟通协作，坚持不懈长期治理。

（三）提高应对非传统安全危机的能力

1. 健全非传统安全治理体制。非传统安全涉及面广、传播速度快，治理难度大。要有效治理非传统安全问题，就要健全治理的体制。

第一，国家和政府要在非传统安全治理中发挥主导性力量。政府除了发挥自身在政策支持、财力支持、资源调配、人员动员等方面传统作用之外，更要有效整合各方面力量，避免治理碎片化，完善信息沟通机制，为治理参与方提供权威准确信息，建立动态风险防控机制，推动非传统安全治理常态化。

第二，要广泛动员社会力量的参与。非传统安全治理，不仅要靠国家的宏观部署，更要靠包括国家、政府相关部门、国际的非政府组织、国内社会组织、外国非政府组织、跨国公司、公民个体等多方面的共同努力。在网络治理、环境治理方面，在外太空、极地、深海等新疆域方面，一些非国家行为主体有时候比国家、政府更能够发挥积极有效的作用。比如，科学家团体、网络社区等非国家行为主体在参与非传统安全治理时，往往会跳出当下，着眼长远，更多地以全球利益、人类长远利益为出发点思考问题，会贡献出更具智慧的方案。

2. 强化国家安全法治保障。加快科学立法的步伐，保障政府、相关社会组织、人民群众依法参与非传统安全问题的治理，才能有效提高防范和抵御安全风险能力。比如，2015 年，我国先后通过了《刑法修正案》(九)和《反恐怖主义法》，为治理恐怖主义犯罪提供了强有力的法律制度保障。对暴力恐怖活动、民族分裂活动、宗教极端活动、生态危机、重大传染性疾病等问题，我们除了严密防控、坚决打击和积极治理之外，还要通过法律的形式把治理的成果固定下来，完善立法，做到依法治理。对涉及国家安全的国际性非传统安全问题，我们要加快立法进程，依法参与治理。在网络空间领域，存在着网络空间治理共识赤字，不同的国家对网络立法认知差异也非常大，一些大国明里暗里进行着建章立制主导权的激烈竞争，我们国家要坚持公正正义、合作共赢的原则，呼吁相关国家共同担当责任，平等行使权力，参与网络空间的国际立法。

3. 提高人民群众对非传统安全威胁的认知和重视程度。2014 年 4 月，习近平总书记在中央国家安全委员会第一次会议的重要讲话中强调，要坚持以人民安全为宗旨，坚持国家安全一切为了人民、一切依靠人民，真正夯实国家安全的群众基础。进入新时代，大量非传统安全正在逐渐取代传统安全，或者正在与传统安全相互交织，成为影响国家安全、人民安居乐业的主要威胁。

我们要通过学校教育、社会教育、网络媒体、电视广播、公益广告、自媒体等渠道，唤起民众对非传统安全威胁的注意，切实提高人民群众对非传统安全威胁的认识水平和重视程度，让人们了解我们党的国家安全政策，增强防范意识，掌握应对、救助方法。

各相关部门要结合自己的本职工作，在社会上自觉宣传、普及非传统安全威胁的相关知识，使广大人民群众平时居安思危，“战”时冷静应对，力争把非传统安全威胁对国家安全、社会秩序、人们生活、人的心理造成的影响降到最低限度。

在和平与发展仍是世界主题，而且我国综合国力日益提高的今天，非传统安全威胁在我国国家安全与人民安全感中所占的比例可以说是越来越大。我们只有从治理理念、治理体制、治理能力等多个方面下功夫，才能赢得胜利，更好地维护国家安全，增加人们的安全感。

［作者系中共云南省委党校（云南行政学院）科研处副处长］

总体国家安全观视域中的意识形态安全*

唐爱军

一、意识形态安全在总体国家安全中的地位

意识形态安全的地位或重要性，可以用两句话集中表达出来：一是“实现国家利益的重要手段”；二是“维护国家安全的重要屏障”。国家安全具有整体性、系统性，也就是说，各个领域的国家安全构成了相互联系的一个整体，不同领域的安全是相互作用的。意识形态安全在总体国家安全中的地位，实际上主要指它对其他安全领域起到的重要作用。在这里，我们主要谈两个方面：

（一）意识形态关乎政治安全

意识形态安全既是政治安全的一部分，同时又在维护政治安全中起着至关重要的作用。习近平总书记强调：“意识形态关乎旗帜、关乎道路、关乎国家政治安全。”国家政治安全的核心是政权安全和制度安全。而外部势力对政权安全和制度安全率先发起挑战的，往往是在意识形态领域。这些年，西方一些势力往往把中

---

* 节选自《社会主义研究》2019 年第 5 期。

国崛起视为对其价值观和制度模式的挑战，加紧通过意识形态渗透等手段进行西化分化，以各种西方话语解读中国道路，批判中国制度，试图移植西方制度，给我国的制度安全带来极大威胁。我们要坚定制度自信，避免两种错误的观点："看到别的国家有而我们没有就简单认为有欠缺，要搬过来；或者，看到我们有而别的国家没有就简单认为是多余的，要去除掉。"维护好政权安全和制度安全，从意识形态安全工作的角度看，就是要论证好、宣传好人民民主专政、中国特色社会主义制度和党的领导的合理性与合法性。意识形态之于政治安全的重要性，归根到底在于它能提供政治合法性，能为政权和制度提供有效辩护。李普塞特认为："合法性意味着政体具备提出并维持一种信念——现有的政治制度是最适合所在社会的制度——的能力。"主流意识形态一旦丧失合法性辩护的功能，政治安全就会面临严重的威胁，尤其是在敌对国意识形态渗透的时候更是如此。

（二）意识形态关乎社会安全

社会安全是国家安全的重要内容，在社会转型中，影响社会安全和社会稳定的因素不断凸显。维护社会安全，需要多管齐下，其中一个重要的条件就是"社会凝聚力"。分化构成了现代社会的一个显著特征，但一个有序社会是分化与整合的统一体。过度的阶层分化、利益分化以及社会各系统的分化会带来社会离心化，导致社会冲突、社会矛盾，乃至社会的解体。维护社会安全需要有效的整合，需要社会凝聚力和社会向心力。一个社会的主流意识形态越是具有感召力和号召力，这个社会的脆弱性就越低、凝聚力就越强，社会也就越安全。当代中国正处在一场深刻的变革与转型中，面对不断彰显的"多元化"和"差异化"，意识形态作用也不断凸显，在建构中国精神中不断增强社会凝聚力和向心力，巩固社会稳定和促进社会进步。

二、双重挑战：当前我国意识形态安全风险

安全的对立面是危险或风险。意识形态安全研究的核心对象是威胁意识形态安全的各种因素。那些威胁意识形态安全的因素是多方面的，既有“非意识形态的因素”（比如经济危机、政治腐败、军事冲突等），也有“意识形态因素”（比如社会思潮），还有“意识形态相关因素”（一些不属于思想观念范畴、但与意识形态紧密相关的因素，比如意识形态传播的平台、载体、体制机制等）。在这里，我们主要是从后两类探讨当前我国意识形态安全风险问题。当前我国意识形态安全面临的威胁可以分为外部威胁与内部威胁：一是西方国家对我国进行的意识形态渗透；二是国内的各种社会思潮、非主流价值观等对主流意识形态构成的压力与挑战。

（一）外部挑战：西方意识形态渗透

“西方敌对势力一直把我国发展壮大视为对西方价值观和制度模式的威胁，一刻也没有停止对我国进行意识形态渗透。”近些年，西方意识形态渗透的主要方式是推广“普世价值”，消解我国主流意识形态，并且通过设置话语陷阱，评判中国道路、中国制度，试图误导中国改革开放的方向。西方“普世价值”战略一般是围绕“自由”“民主”“人权”等概念设置话语陷阱，进行意识形态渗透。

一是新自由主义神话。新自由主义思潮起源于西方发达资本主义国家，20 世纪 80 年代以来，尤其是苏东剧变之后，通过“华

盛顿共识”传播至全球。新自由主义的核心价值理念是“自由”，它认为“个人自由”是普世的、最高的价值诉求，把自由鼓吹为“普世价值”。个人自由构成衡量一切社会活动的根本尺度，个人自由、个人利益成为解释一切个体或社会行为、历史事件的缘由。以个人自由为终极价值的新自由主义在经济领域的主张体现为“三化”：私有化、市场化和自由化。首先，“私有产权神话”。新自由主义经济学家鼓吹“私有产权神话”，他们主张私有化的理由主要有两个方面：第一，私有制能够保障个人自由。个人拥有生产资料所有权，意味着个人有了发财致富的机会，有了自由选择的条件。第二，私有制能够激发个体从事经济活动的积极性、主动性、创造性，从而能够提高效率。与此同时，新自由主义经济学家极力反对公有制，主要理由也是两点：第一，公有制导致个体丧失自由，掌握生产资料的独裁者会将整个社会带入集权主义的统治之中。第二，公有制导致产权不清晰、不可转让，会造成经济效率低下、浪费与腐败。其次，“市场万能论”。新自由主义同时也是一种市场原教旨主义，相信市场万能，主张彻底市场化，认为市场机制能够解决一切经济社会问题。这也意味着，新自由主义反对国家干预，反对国家宏观调控。最后，“全球自由化”。新自由主义把市场原教旨主义推广到全球，主张各国取消各种经济保护，实现金融和贸易的完全自由化和国际化。新自由主义思潮严重冲击了我国主流意识形态，并且对我国改革开放政策、经济基础带来了严重影响，不仅危及到意识形态安全，也危及到经济安全。个人至上、自由至上的价值观给集体主义、公平正义等主流价值观带来负面影响；私有化理论挑战了当前我国社会主义所有制观念，冲击了以公有制为主体的经济基础；无论是市场万能论还是贸易自由化，实际上都是反对政府作用和政府监管，主张“去国家化”，这些都给党的领导和社会主义国家制度带来了冲击。

二是西方自由民主观念和模式。西方意识形态渗透在政治层面上，主要表现为西方民主观念和自由民主模式对我国社会主义政治制度的冲击。西方发达国家意识形态战略的重点就是“输出民主”，而这首先得力于西方成功建构了民主话语权。今天普遍流行的西方民主理论是通过“三步走”而建构起来的：第一步是改造民主的概念，实现从人民主权到选举式民主的转换。第二步将民主框定在自由主义框架之内。第三步是改造合法性概念，论证只有以竞争性选举为核心的政治制度才是民主的、具有合法性的。西方国家将“选举式民主”建构成民主的唯一模式，同时也构成评判别国政治制度民主与否的唯一标准。这些年，西方国家在我国大肆推广自由、民主等“普世价值”和“自由民主模式”，目的“就是要同我们争夺阵地、争夺人心、争夺群众，最终推翻中国共产党领导和中国社会主义制度”。西方一些人认为，中国政治制度不符合以选举民主、多党制等为基本特征的“自由民主模式”，所以判定中国政治制度是非民主的——极权主义、专制主义或威权主义，由此攻击中国共产党的领导和中国特色社会主义制度。这些强势话语显然也影响到国内一些人：“有的人把改革开放定义为往西方‘普世价值’、西方政治制度的方向改，否则就是不改革开放。”

三是“人权高于主权”的文化霸权战略。在政治和文化领域，我国意识形态安全风险还表现为西方推行的“人权外交”“人权高于主权”的文化渗透：首先，主观地认为本国的人权水平是最高的，人权状态是最好的；其次，应该突破国家主权的限制，将这种最佳的人权结构“种植”于那些人权水平不高的国家；最后，如遇到那些以国家主权作为屏障抵制西方人权形式进入的国家和政权，必须强行限制其主权的实现。“人权高于主权”观念为西方国家推行霸权主义和干涉别国内政提供了合法性，它对于我国意识形态领域的危害主要体现在：攻击中国人的爱国主义精神，淡化中国人的主权意识，尤其是“文化主权”意识，从而为西方的文化霸权、文化扩张开辟道路。

（二）内部挑战：来自非主流意识形态的压力

概括说来，主流意识形态面临的内部挑战可以划分为：“多元化挑战”和“世俗化挑战”。

一是“多元化挑战”。随着改革开放不断深入，尤其是社会主义市场经济体制的建立与发展，我国社会结构不断分化，人们的利益诉求不断多元化；利益分化、诉求多元化必然带来思想观念的多元化。正是在这样的社会背景下，国内出现了各种社会思潮，它们都在谋求发出自己的声音，并且努力影响当代中国政治社会发展走向以及社会民众的认知与行为选择。当前主流意识形态面临的“多元化挑战”至少表现在两个方面：其一，人们思想活动的独立性、选择性、多变性、差异性明显增强，导致主流意识形态的教育引导、整合等功能无法有效发挥，或者说发挥作用的难度在增加。过度多元化思想观念及其行为取向，消解着主流意识形态权威，也会给社会增加“离心力”。其二，非马克思主义的社会思潮冲击主流意识形态统治权。当前我国存在的社会思潮流派众多，我们对其要辩证分析，既要看到它们的危害性，也要正确认识其合理成分。但是，我们要清醒地意识到这些社会思潮的“主导面”是负面的、消极的，它们否定、冲击马克思主义的一元化地位，主张指导思想的多元化。比如，民主社会主义声称，不依赖任何单一的意识形态，主张包括马克思主义在内的多元化思想，其实质是用思想多元化取消马克思主义的指导地位。这些非马克思主义社会思潮或政治观点广泛蔓延，使得马克思主义在意识形态领域的指导地位面临严峻挑战。

二是“世俗化挑战”。丹尼尔·贝尔曾指出，资本主义文化矛盾在于“经济冲动力”与“宗教冲动力”的分离。随着资本主义的不断扩张，“经济冲动力”不断彰显，“宗教冲动力”节节败退，整个世界彻底世俗化，信仰危机由此产生。改革开放以来，我们确立了“以经济建设为中心”的发展战略。市场经济不仅是一种物质力量，也是一种强大的精神力量，它不断渗透到人们的精神生活中，不断改变整个时代的“精神面貌”和“思想肖像”。包括主流意识形态在内的整个文化系统面临“世俗化挑战”，或者更为准确地说，是“市场逐利性的挑战”。市场的消极面、市场交换原则等观念渗透到人们的精神生活中来。拜金主义、享乐主义、极端个人主义在一定范围滋长蔓延，社会主义、集体主义、爱国主义等主流价值遭遇到挑战。更为严重的是，一些人在价值观层面上持怀疑主义、虚无主义立场，拒绝理想，解构崇高，共产主义远大理想和中国特色社会主义共同理想受到一定程度的“消解”“解构”，影响了民众对主流意识形态的价值认同。

三、如何维护意识形态安全

如何维护意识形态安全？最根本的一条就是把意识形态建设上升到国家安全的战略地位，制定和实施国家意识形态安全战略。2015 年 1 月 23 日，中央政治局会议审议通过了《国家安全战略纲要》，它是我国第一个完整的国家安全战略文本。关于意识形态安全，我国还没有形成具体的、有针对性的战略文本。因此，我们将以总体国家安全观为指导，基于安全战略高度，探讨维护意识形态安全的相关路径。意识形态安全战略包括了战略目标和战略手段两个层面。最根本的战略目标就是“两个巩固”：“宣传思想工作就是要巩固马克思主义在意识形态领域的指导地位，巩固全党全国人民团结奋斗的共同思想基础。”从中观层面上看，实现意识形态安全目标的途径和手段可以从认知—解释、价值—信仰和决策—操作等三个系统加以探讨。

（一）认知—解释系统

从认知—解释层面看，主流意识形态要维护其有效性、合理性，关键是要回答好“是什么”的问题，即对社会现实的解释与说明有说服力。“理论要有说服力”至少表现在两个方面：（1）“要能指导实践”。1978 年之前，主流意识形态危机的重要表现就是脱离实际，严重的“空洞化”。“无产阶级专政下继续革命”理论，尽管在形式上保持“绝对权威”，但其实它是僵化的，脱离实际的，面临着危机。改革开放以来，我们党在坚持马克思主义基本原理的前提下，根据变化了的时代条件和变革中的社会发展，推动马克思主义不断创新、发展，形成了中国特色社会主义理论体系。当前，维护意识形态安全就要继续推进马克思主义中国化，实现中国特色社会主义理论体系不断创新，用新的理论指导着新的实践、新的改革。（2）“要能解释实践”。主流意识形态的有效性还表现为能够有效地解释实践，在当前意识形态斗争中，这一点尤为重要。话语权旁落是一个国家主流意识形态不安全的集中表现。对于当代中国意识形态安全议题，紧迫之事就是破除西方话语霸权，构建中国理论、中国话语，牢牢把握解释中国道路的话语权。改革开放以来，我们走出了一条举世瞩目的现代化之路，但是我们却缺少一整套把自己说清楚的话语体系，反而，中国道路常常在西方话语体系中被言说，要么用“专制主义”“中国特色资本主义”“威权社会主义”等话语给中国道路定性；要么用“普世价值”话语观察中国道路，试图引导中国改革开放的方向；要么用“国强必霸论”“中国威胁论”“中国不负责论”等话语，有意曲解中国道路，指责中国发展模式。这些强势的西方话语在国内大肆渲染，影响到一些人。在中国经验、中国道路上，西方强势话语给主流意识形态的解释权和话语权带来极大挑战。针对西方话语霸权，我们应当加强当代中国马克思主义话语体系建设，构建起能够有效解释好中国道路的话语系统，建立起“防御性话语”，筑起话语安全屏障，其战略支点有三。第一，在中国经济发展模式上，要抵制新自由主义的话语泛滥，积极主动构建中国特色社会主义政治经济学话语体系，要掌握解释中国经济发展模式的话语权。第二，在中国政治发展模式上，要抵制西方自由民主话语，尤其是西方合法性话语的渗透，积极主动构建中国特色社会主义民主话语体系，打造“中国式民主”话语，特别是要论证好“中国共产党领导是中国特色社会主义最本质的特征”。第三，在中国对外战略上，针对西方大肆渲染的“中国威胁论”，要积极主动构建对外话语体系，解释好中国道路的内在和平主义特质，它是和平主义的“王道”，而非强权主义的“霸道”。

（二）价值—信仰系统

认同是国家安全的一个重要变量。国家认同危机必然导致国家安全风险。无论是外来意识形态渗透，还是内部的社会思潮竞争带来的挑战，最终都集中到一点：“认同危机”。从意识形态安全维护的角度看，解决认同危机，关键还是意识形态结构中最核心部分——价值—信仰系统的建设。这涉及两个方面：“解构”与“建构”。（1）解构“普世价值”。解构“普世价值”，需要从学术和政治两个层面入手。第一，从学理上批判“普世价值”在理论依据上的错误。“普世价值”模糊了价值的普遍性和价值的普遍主义，将价值的普遍性与特殊性割裂开来，把西方特殊价值普遍化，作为唯一的标准强加于人。第二，从政治实践角度揭露“普世价值”背后的“真实意图”。“普世价值”占领道义制高点，它们好像是整个人类社会普遍接受、认同的价值观念，因此，没有接受这些价值观念的国家就是自绝于整个人类社会。实际上，“普世价值”是西方资本主义利益的价值观念反映，它是为西方资本主义政治服务的意识形态工具。习近平总书记指出，一些国家在西方价值观念的鼓捣下被折腾得不成样子了。“如果我们用西方资本主义价值体系来剪裁我们的实践，用西方资本主义评价体系来衡量我国发展，符合西方标准就行，不符合西方标准就是落后的陈旧的，就要批判、攻击，那后果不堪设想！”为什么要批判“普世价值”？因为它背后指向的是国家制度的建构及其标准，接受了“普世价值”，必然会“合乎逻辑”地接受私有制、多党制、选举民主等西方制度模式。批判“普世价值”根本目标在于夺取“制度建构权”。（2）建构核心价值观。核心价值观是一个国家的“重要稳定器”。建构核心价值观，就是确立民众共同认同的价值观这一“最大公约数”，也就是塑造国家认同、价值认同。从塑造认同、维护意识形态安全的角度看，当前我国社会主义核心价值观的建构与阐释的过程中，应当更加凸显三个面向：第一，着眼于合法性建构，着力阐释国家制度的道义基础。第二，着眼于制度建设，为国家制度的建构提供基本方向，即实现价值观与国家制度的深入融合，牢牢掌握“制度建构权”。第三，着眼于社会价值，奠定社会的主导价值，真正实现核心价值观的“凝心聚力”作用，抵制非主流价值观的“分化”威胁。

（三）决策—操作系统

决策—操作系统探讨的是关于意识形态的政治社会化的行为模式，它涉及意识形态实践活动的一系列要素，比如意识形态主体、意识形态资源与平台、工作体制机制、传播方式方法、意识形态受众等。从决策—操作系统来说，牢牢掌握意识形态工作领导权、维护意识形态安全，当前至少有两个方面的重点任务：(1)落实意识形态工作责任制。“一个政权的瓦解往往是从思想领域开始的，政治动荡、政权更迭可能在一夜之间发生，但思想演化是个长期过程。思想防线被攻破了，其他防线就很难守住。”意识形态工作极端重要，对政权安全起着至关重要的作用。因此，做好意识形态工作必须坚持全党动手。全面落实意识形态工作责任制，压紧压实维护意识形态安全的政治责任、领导责任；落实工作责任制就要加强阵地建设和管理，要发扬斗争精神，始终站在意识形态斗争第一线，敢于亮剑。(2)建立意识形态安全风险预警机制。一般说来，它有三个方面的具体机制：一是监测机制。通过监测意识形态领域焦点、热点等信息，进行有效的分析与研判，准确把握意识形态安全风险的动态和方向。二是警报机制。当发现监测结果（包括分析研判结论）显示意识形态安全出现警情征兆时，通过相关渠道、机制向党和政府发出警报。三是反应机制。意识形态工作相关领导机构快速采取有效措施，解决意识形态安全事件。可以说，三种机制都依赖于意识形态安全风险的预警指标体系的设计。意识形态风险、意识形态安全事件的发生是有一个过程的，并且具有可征兆性。那么，如何预测呢？这就需要一些特定的指标、变量，它们构成了我们观测意识形态安全风险的指示器。意识形态安全风险有哪些预警指标？如何评估预警警级？这些都需要科学的定量研究。从定性的角度看，根据安全风险所处的不同阶段，意识形态安全风险预警指标可以分为三大类：一是警源指标。相关指标有：西方意识形态渗透、国内反马克思主义思潮的渗透、非主流价值观的影响、国内外反对势力的煽动等。二是警兆指标。相关指标有：对社会主义核心价值观的认同度、对党和国家主要领导人的认同度、对党执政的信任度、干群关系满意度等。三是警情指标。相关指标有：政治争论、政治谣言、牢骚言论、激进言论等。不同类的预警指标，有着不同预警警级的评估。总的来说，意识形态安全风险预警机制的目的在于认识警源、预测预报警兆警情、排除警情。前面，我们也提到，意识形态安全风险，在某种程度上，是一种“认同危机”，即对国家的发展模式和制度的不认同、对主流价值观的不认同，等等。因此，我们可以通过对一些警兆指标（比如，对社会核心价值观的认同度、对党执政的信任度、干群关系满意度）的统计与测量，对主流意识形态安全风险进行评估。

总而言之，我们要准确把握国家意识形态安全形势，在总体国家安全观的理论高度探讨关于意识形态安全的一系列理论议题；在把握当前我国意识形态面临的内外部风险的前提下，有针对性地制定国家意识形态安全战略，维护主流意识形态的领导权和主导权，为总体国家安全构筑思想防线。

［作者系中共中央党校（国家行政学院）马克思主义学院教授］

四、制度探索

解码新时代“枫桥经验”*

本刊课题组

“枫桥经验”是浙江省诸暨县（现诸暨市）干部群众创造的，不断创新发展的中国基层社会治理的一个样板。回顾“枫桥经验”跨越时代创新发展的历程，分析其内涵和特点，我们深刻体会到：“枫桥经验”的诞生和创新发展集中反映了我们党执政理念和治国理政方式转变的轨迹，蕴含着党领导人民共同依法治理社会的深刻哲理，体现了中国特色社会主义制度的独特优势和强劲生命力，对推进国家治理体系和治理能力现代化，特别是对构建基层社会治理新格局，有着诸多的启示和借鉴作用。

一、“枫桥经验”的发展轨迹：变与不变

“枫桥经验”诞生于社会主义建设初期。在20世纪60年代初的社会主义教育运动试点中，枫桥区委围绕“四类分子”改造进行充分讨论，决定发动群众开展说理斗争，放弃“斗关杀”那一套对敌斗争经验，形成了“矛盾不上交，就地解决，实现捕人少、治安好”的做法。

随着改革开放的扩大，社会经济结构和利益格局的调整引发

* 节选自《中国领导科学》2019年第6期。

的矛盾越来越多，诸暨市枫桥区坚持依靠群众，就地化解矛盾纠纷，维护社会治安，探索社会综合治理和平安建设的新模式，实现了“小事不出村、大事不出乡、矛盾不上交”，开创了案件少、社会稳、经济发展好的良好局面，成为全国综合治理的典范和平安建设的首创者。2003 年，时任浙江省委书记的习近平同志，在纪念毛泽东批示“枫桥经验”40 周年暨创新“枫桥经验”大会上发表重要讲话，明确要求充分珍惜、大力推广、不断创新“枫桥经验”，最大限度发挥“枫桥经验”的积极作用，促进经济、社会和人的全面发展。

进入新时代，我国社会主要矛盾转化为人民日益增长的美好生活需要和不平衡不充分的发展之间的矛盾。面对社会矛盾纠纷多样化、复杂化，诸暨市为创造群众看得见、摸得着、感受得到的幸福生活，提升百姓获得感、幸福感和满意度，实施基层党建“五大引领”工程，着力构建党统一领导下人民群众广泛参与、各类组织积极协同的基层治理体系；同时创建司法调解、行政调解、行业调解、企业调解、乡贤调解等多元化人民调解平台，有效地化解了矛盾，形成了“矛盾不上交、平安不出事、服务不缺位”的新经验，走出了一条具有特色的基层社会治理新路。2013 年，习近平总书记再次指示，要求各级党委和政府把“枫桥经验”坚持好、发展好，把党的群众路线坚持好、贯彻好。

50 多年来，“枫桥经验”随着时代变化不断丰富发展。诸暨人针对新情况新变化，在治理理念上，从侧重社会稳定为主转为社会全面进步、乡村全面振兴整体协同推进；在治理主体上，从一元治理转为多元治理，形成了共建共治共享的社会治理格局；在治理方式上，从消极治理转为积极治理，从被动治理转为主动治理，从事后治理转为事先预防，形成了系统治理、依法治理、综合治理、源头治理的现代治理体系。然而，我们也看到无论时代如何变化，始终坚持党的领导，不断完善党的领导方式和执政方式，重视发挥党组织总揽全局、协调各方的政治优势和组织优势；始终坚持人民群众的主体地位，紧紧抓住做好群众工作这条主线，把群众路线贯穿于基层社会治理的全过程。始终一以贯之地坚持把党的领导作为根本保证，把人民主体作为根本立场，把自治、法治、德治、心治、智治相结合作为根本方式，把预测预警预防作为根本任务，把夯实基层基础作为根本支撑。

二、“枫桥经验”的核心内涵：党领民治

“枫桥经验”最根本的一条，就是在党的领导下，发动群众依法治理社会，走一条党的领导、人民当家作主、依法治国有机统一的基层社会治理道路。“枫桥经验”之所以历久弥新、不断焕发生机，始终成为我国基层社会治理高高飘扬的一面旗帜，真正的“宝典”就是党把群众路线贯穿于基层社会治理的全部活动。这一点，我们从诸暨市社会治理的成功实践中可以得到充分证明。

（一）把党的领导作为贯穿基层社会治理的主线

进入新时代，诸暨市坚持发展“枫桥经验”，为实现党组织政治核心作用更加突出、组织覆盖更加有效、队伍素质更加优化、强村富民更加有力、人民群众更加满意五大目标，始终坚持党建引领基层治理。一是加强党组织对基层治理的领导，强化党群联动。在社区建立“党委、党支部、党小组、党代表、党员”五级工作网络，健全定活动日、定责任区、定联系户“三定”工作机制；在修订制定村规民约、社区公约时，建立党委统一领导、综治委牵头、有关部门分工负责的工作机制，把党的领导落实到基层治理的末端。二是实施“五大引领”工程：即以政治引领，把

准基层治理方向；以组织引领，筑牢基层治理阵地；以能力引领，锻造基层治理主力军；以发展引领，打造基层治理主引擎；以服务引领，拓宽基层治理主渠道。红枫社区的干部告诉我们，实施“五领”工程后，基层干部普遍提高了政治领导力、组织执行力、工作战斗力、发展号召力、服务凝聚力。

诸暨市把党的领导落到实处，党的领导优势转化为社会治理优势。一方面促进了党的建设，有效地发挥了基层党组织战斗堡垒作用；一方面生动地回答了“谁来领导治理”“怎么领导治理”“谁来实施治理”“谁来评判治理”等一系列重大问题。

（二）把依靠和动员群众作为基层社会治理的根本路径

当年，毛泽东肯定“枫桥经验”：“最重要的一条是做群众工作”。他在同公安部负责人谈话时说：“从诸暨的经验看，群众起来之后，做的并不比你们差，并不比你们弱，你们不要忘记动员群众。群众工作做好了，可以减少反革命案件，减少刑事犯罪案件。”可以说，没有深入群众，扎根群众，就不会有“枫桥经验”。

近年来，诸暨创新发展“枫桥经验”，始终坚持的依然是尊重群众、相信群众，把群众放在基层社会治理的主体位置上，推动党委政府和人民群众良性互动。在社会治理中，决策议题来自群众，难题化解依靠群众，纠纷调解交给群众，社会服务托付群众。特别善于从群众中寻找解决问题的方案和办法，依据群众的实践和创造完善政策主张。特别善于培育社会组织，激发群众的积极性和创造性，完成各项治理任务，提高社会治理成效，展现了高超的群众工作智慧。

一方面，倾听群众呼声，制定相关的政策和法律，指导和规范群众的基层治理活动。市级领导实行定期接访、主动约访、上门走访制度；党员干部实行直接联系群众制度；普遍建立“走村不漏户、户户见干部”工作机制，形成“返乡走亲、驻村连心、联户交心”常态化机制；同时通过“电子墙”“对话墙”等载体畅通民意表达渠道，形成“民意引导决策”机制。近三年来，干部们累计走访群众40.8万余户（次），收集民情信息6.5万条，为健全社会治理决策机制和运行机制提供了重要的参考信息和意见建议。比如村级重大事项民主决策，推行收集议题、酝酿论证、审议决定的“三上三下”的制度，全面创新了村民自治机制。

另一方面，发动群众、组织群众、支持群众，为群众提供各种渠道参与社会治理。他们健全市镇村（社区）党政机构与社会组织连接的社会治理组织系统，共同开展社会治理，形成“党政领导、综治协调、部门负责、社会协同、公众参与、法治保障、科技支撑的治理体系”。尤其重视建立市镇村（社区）三级社会组织服务平台，推进村级社会组织“5+X”标准化建设，有效提升社会组织在基层社会治理中的作用，走出了新时代社会组织参与社会治理的新路径。目前，全市登记在册的社会组织645家，备案的社区社会组织3100家，参加人数达28万人，占150万常住人口的18.7%。各类社会组织充分发挥专业性、公益性和群众性“三大优势”，努力做到专业人干专业事、志愿者干自愿事、老百姓干百姓事。他们培育了心语社会工作服务中心、心理卫生协会等一批专业化社会组织，发展了爱心蚂蚁志愿服务社、越民生义工团、红枫义警等一批志愿类社会组织，涌现了乡贤理事（参事）会、乡风文明理事会等一大批群众型社会组织。避免了社会治理变成政府独角戏，避免了“政府干、群众看，政府很努力，群众不买账”的尴尬。

（三）把基层社会治理的权能赋予群众

诸暨在多年的基层治理实践中，努力健全包括党政机关、群众团体、自治组织、志愿者组织等多主体的社会共建共治体系，形成人人有责、人人尽责的社会治理共同体。社会组织是群众参与社会治理的载体和平台。他们依法发挥群众性自治组织和各种社会组织的功能，把基层治理的决策权、管理权、监督权交给群众。群众的主体地位和治理智慧得到充分发挥，民主选举、民主决策、民主协商、民主管理、民主监督成为参与基层社会治理的主要方式。

首先，突出各类社会组织的关键作用。为完善基层群众自治制度，党组织加强对村民委员会的指导，在选举中既重本地精英，也鼓励外来人参加竞选，不拘一格选人才；严格审查候选人资格，严肃处理拉票、贿选等违法行为；普遍设立村务监督委员会，健全工作制度和规则，设计了程序式、参与式、审核式、评议式四种监督方式，确保全市 302 个村的群众按章依规当家作主。为推动社会组织有效参与社会管理，强化基层党群服务中心功能，支持社会组织参与治安管理、矛盾化解、志愿服务、青少年管教等治理活动，确保各类组织开展活动有事有责、有经费有场地、有承诺有作为。如民间人士自发创立的志愿者联盟，把一大批社会成员的志愿之心化为公益行动。“一米阳光”志愿服务协会自 2009 年成立以来，在社区重点开展年青人、未成年人、外地人中服刑人员矫正工作。“爱心蚂蚁”义工服务社针为社区孤寡老人、孤儿、留守儿童等弱势群体提供物资帮扶、生活照料、心理抚慰等服务。这些组织有效破解了基层管理服务的难题，把治理工作延伸到政府服务难以触及的领域和末梢。

其次，重视新乡贤在基层治理中的特殊作用。枫桥镇成立乡贤参事会。乡贤们借助自己的声望、品行、才学和实力，为乡村振兴和社会治理出谋划策，为乡村发展和平安建设出资尽力，成为乡村德行的引导者示范者、乡村事务的推动者监督者。2015 年，诸暨市政商界著名乡贤发起成立“孝德文化研究会”，截至 2017

年底，枫桥镇等27个街道乡镇拥有15000多名在册会员，成为会员最多、素质最高、覆盖面最广的社会团体。四年多来，研究会组织新乡贤捐资出力，宣传中国优秀传统文化，研究本土的“南孟文化”，为基层德治、乡村善治和乡风文明建设作出了重要贡献。近年来各种新乡贤调解组织遍地开花。诸暨市牌头镇成立调解志愿者队伍“乡贤帮忙团”，邻近镇村也纷纷成立“老娘舅帮忙团”“老娘舅服务团”。他们在婚姻家庭、邻里矛盾、损害赔偿、农田水利纠纷等问题调解中发挥了重要作用。这些乡贤参与社会治理不仅体现了明显的公益性，而且具有突出的综合性和创新性特点。

此外，注重发挥外来人口、流动人口参与社会治理的积极性。诸暨市引导流动人员融入本地发展和社会稳定工作。注重流动人口党团组织建设，建立流动人口党员管理中心，发挥他们的模范带头作用。枫桥镇成立“新诸暨人党支部”，吸纳流动党员参加组织生活，尽快融入社会。嵊州的退伍军人陈荣国来到枫桥开商店，经常参加义工联合会志愿者活动，积极筹划组建治安巡防群众组织，被推选为“红枫义警”的秘书长。该组织现有1000余名成员，着重从事治安、调解、法治宣传、社会关怀等工作，协助公安机关破获各类治安刑事案件，在生活中已成为社区民警的“左膀右臂”。

三、“枫桥经验”的实践特征：“五治”融合

说到“枫桥经验”，大家耳熟能详的就是“小事不出村、大事不出乡、矛盾不上交、平安不出事、服务不缺位”。一个“不”字经念得深入人心。这个“不”是规则，是结果。那么，通过什么途径治理，用什么方式治理？才能做到“不”。我们在调研中体会

到，“枫桥经验”最精准的要义，就是靠群众就地化解矛盾，就是不断创新治理方法展现经久不衰的生命力。从推动基层治理现代化的实践来看，最鲜明的特点、最有参考价值和可复制的经验，就是自治、法治、德治、心治、智治“五治融合”的治理方式。

（一）自治是“枫桥经验”的基础支撑

自治是我们党领导人民当家作主的基本形式，在基层治理中起着基础性作用。“枫桥经验”中的自治，是社会治理的基点，是首要的环节。

诸暨市不断完善自治制度，依靠群众自治建设平安乡村，先后开展乡村治理试点工作，开展制定修订村规民约社区公约等活动。枫桥镇、大塘镇、草塔镇、江澡镇多个村庄在试点中，构建了“1（自治章程）+1（村规民约）+X（多个实施细则）”的乡村自治规则体系，还制定了村民行为约束“负面清单”和劝导式“正面清单”。目前全市 551 个行政村（居、社区）全面完成村规民约、社区公约等自治章程修订。

诸暨市健全完善以群众自治组织为主体、社会各方广泛参与的新型社区治理体系，认真落实村级重大事务“五议两公开”制度，实行村规民约积分考评制度，推动民事民议、民事民办、民事民管。此外，推动村级事务阳光化、村务监督规范化，持续强化对村务的监督，克服了“村务行政化、干部说了算、群众靠边站”的顽疾。

（二）法治是“枫桥经验”的基本准则

“枫桥经验”是党领导人民依法有效治理社会的典型样本。多年来，诸暨努力建设法治型政府，善于运用法治思维和法治方式解决社会生活中的矛盾和问题。

他们精心组建多层次、社会化的矛盾纠纷调解体系，建立了环境污染纠纷、物业纠纷、医疗纠纷、交通事故等13个专业调解委员会，建成市镇两级联合调解中心和29家诉调、检调和警调对接工作室，打造了“老杨调解工作室”“江大姐调解室”“娟子工作室”等一批群众认可度较高的品牌调解机构。人民调解机构让有法律知识背景和丰富工作阅历的干部群众第一时间介入纠纷，针对不同对象运用不同的调节方法，创造了“调解七法”，把各种问题和矛盾化解在第一现场和萌芽状态，有效防止矛盾进一步扩大蔓延，防止小事拖大，大事拖炸，创建了一批“零上访镇村”“无诉讼村”。近年来诸暨各类调解组织受理矛盾纠纷超过9万件，调解成功率达98%，人民群众安全感满意度保持在96%以上，连续14年被评为省“平安县市”，并荣获浙江省首批“平安金鼎”。

（三）德治是“枫桥经验”的价值取向

德治是中华优秀传统文化的精髓，也是“枫桥经验”的亮点。诸暨强化德治的引领作用，努力实现德润人心、教化群众、减少矛盾。

他们以全国文明城市创建为龙头，出台《培育和践行社会主义核心价值观30个重点项目》，全力打造文明之城、活力之城、和谐之城。扎实推进全国“新时代文明实践中心”试点，构建“实践中心—实践所—文化礼堂”三级体系，打造城市文化公园、社区文化家园，打造“党风清正、权力清源、作风清新、干部清廉、村风清朗”为内涵的“五清”村居，建成运行了200多个村史、成就、孝德、乡贤长廊配套的优秀传统文化与现代治理元素融合的文化礼堂。

他们大力推进移风易俗，503个行政村（社）全部建立红白理事会，倡导婚事新办、丧事俭办、其他喜事减办，形成了“诸暨模式”的新风尚。发挥7.2万名志愿者队伍力量，建立村级关爱基金，实施“书香暨阳”“善行暨阳”活动，开展“最美诸暨人”“最美家庭”评选，依托道德讲堂、乡风评议会等弘扬社会主义核心价值观，弘扬崇德向善新风，树立一批道德榜样、家风典范和文明示范，唱响向美向善的诸暨“好声音”。

（四）心治是“枫桥经验”的内功绝活

社会治理重在治人，治人关键是治心。随着社会主要矛盾和矛盾冲突方式的变化，群众的愿望诉求和纠纷的形式多样化、复杂化。诸暨注重社会成员心态的调整，用心理学提升发展“枫桥经验”。2017年3月，枫桥镇成立首个乡镇心理咨询工作室“心语心苑”，实施“点亮生命创造未来”留守儿童心灵关怀项目，并参与司法所社区服刑人员心理辅导。他们积极探索情感管理模式，为矫正人员、留守儿童、信访人员等提供法律帮助、心理咨询等，逐步构建社会心理防范体系。如采取五方面人员帮教的“5+1”监管模式，通过“一交二谈三找四矫”对其实施监管和改造；即与矫正对象交朋友，建立感情基础；与矫正对象谈话谈心，以真心换真情；帮矫正对象找“病根”，对症下药；采取相应措施，帮助矫正对象知错服法，主动改造，改邪归正。他们还特别注意发挥标语口号的作用。如“多一点宽容、多一份阳光”“多一个球场，少一个赌场”“多演一场戏、多一分和谐”等等。大量朗朗上口、简洁凝练、独具特色的标语口号，使群众潜移默化接受教育，发挥了感化人、劝勉人、鼓舞人、警示人的作用。

（五）智治是“枫桥经验”的时代特征

社会治理涉及治理格局、治理结构、治理体制机制、治理方式方法等等。智治是检验社会治理体系及治理能力的试金石和基本标尺，更是“枫桥经验”的鲜明特色和时代特征。

进入信息化时代，诸暨人率先推动互联网大数据等信息新技术与社会治理深度融合，积极探索“党建＋互联网＋社会治理”模式，治理方式由线下“单线管控”转向线上线下“双线联动”，突显了“枫桥经验”新时代新特点。他们推进“雪亮工程”，建成全省首个高清数字视频监控专网，实现综治视联网全覆盖、公共视频监控全接入，利用视频监控破获各类刑事案件200多起，占全部破案数的21.7%。开办“1963法润诸暨”，打造“网上枫桥经验”，起到事半功倍的效果。建立在线矛盾纠纷化解平台，开展网上立案、在线调解，走在全省前列。推行“互联网＋政府服务”，统筹抓好政民e线、政务微博群、民生微信等平台建设，结合“放管服”改革，完善市镇村三级服务群众机制；群众有事移动办，掌上办，一网通办，一证通办，做到了“零跑腿”，“最多跑一次”，提高了办事效能，实现了“政府暖心、村民开心”。建立互联网“线上议事厅”，打造“24小时不下班的网上政府”，居民有问题和意见，通过社区微信公众号留言，自动跳转“线上议事厅”，工作人员根据问题类型，就近联系相关部门限时办理。整合平安通、安监通、食安通等平安类App，打造“平安管家”。开展全国“智慧安居”建设试点，推广“安心租”App，构建出租房“旅馆式”管理新模式，用市场机制化解流动人口出租房难题，既有利当地人、又有利新诸暨人，实现了“政府放心、租户暖心”。

“枫桥经验”创造的治理方式内涵丰富，形式多样，最重要的是实用管用。依靠群众自治就地化解矛盾，依靠法治手段公正解决矛盾，依靠德治预防控制矛盾，依靠心治从源头消除矛盾，依靠智治在萌芽状态遏制矛盾，防止矛盾扩大升级蔓延成社会风险。这种“五位一体”的治理模式，集中表明“枫桥经验”具有根本性、规律性、基础性、系统性，而且具有创新性、协同性、实践性、可行性。

［曾业松，中国领导科学研究会副会长；鄞爱红，中共北京市委党校（北京行政学院）领导科学教研部主任、教授；郑寰，中共中央党校（国家行政学院）党的建设教研部副教授；青连斌，中共中央党校（国家行政学院）社会和生态文明教研部教授；陈梦琳，此文发表时为中共中央党校（国家行政学院）研究生院研究生］

健全粮食安全利益保障体系的机制设计与政策建议*

张哲晰　炎天尧　穆月英

一、问题的提出

粮食安全是治国理政的头等大事，必须要多措并举稳住粮食安全“压舱石”。众所周知，粮食不仅被赋予战略属性，也有着商品属性。在保障粮食安全的诸多路径中，利益保障是调动各主体积极性的第一要素，发挥好经济激励作用是确保粮食持续供给的根本。怎样实现农民增收和粮食增产协同发展是要重点考虑的问题。

长期以来，我国种粮成本持续提升，粮食价格则增长缓慢。近年来叠加突发的新冠疫情、地缘政治冲突、气候变化等影响，种粮效益被不断挤压。而保障农民种粮收益不仅是调动农民维护粮食安全积极性的关键所在，更是影响“三农”甚至经济持续稳定健康发展的重要问题，势必要进一步完善粮食生产利益保护机制，确保国家粮食安全。

党的二十大以来，保障粮食安全被党中央提到前所未有的高

---

* 节选自《西北农业科技大学学报（社会科学版）》2024 年第 2 期，收录时略有改动。

度，健全种粮农民收益保障机制和主产区利益补偿机制在多个重要场合提出，着重全方位夯实粮食安全根基，推动建成粮食产业强国。但当前存在的种粮及粮油加工业生产后劲不足和粮食主产区高产穷县等问题，均威胁粮食安全根基。

二、粮食安全利益保障机制的内涵及构建思路

粮食安全是“国之大者”，保障粮食安全是一项系统性工程。粮食不仅有着战略属性，也有着商品属性，必须充分重视涉及主体的利益，发挥好经济激励对国家粮食安全的保障作用。在新形势新阶段，针对粮食安全利益保障出现的新问题，习近平总书记为我们指明了前进道路，应保护好小农户这个关键主体，激发好企业高质量发展能力，调动好地方政府抓粮积极性，保护好消费者基本权益，形成政府、市场、社会协同推动粮食安全的利益保障格局。

（一）粮食安全利益保障的内涵

党的十八大以来，习近平总书记高度重视粮食安全问题，多次以“治国理政的头等大事”“国之大者”等鲜明论断强调粮食安全重要性。2022 年，习近平总书记在党的二十大报告中进一步提出“全方位夯实粮食安全根基”，在中央农村工作会议上首次明确“保障粮食和重要农产品稳定安全供给始终是建设农业强国的头等大事”，保障粮食安全被提到新的高度。在粮食利益保障方面，习近平总书记从调动和保护好“两个积极性”、深化粮食供给侧结构性改革和保护消费者等多角度、多层次作出指示。习近平总书记指出，稳定发展粮食生产，一定要让农民种粮有利可图、让主产

区抓粮有积极性。就保障农民种粮积极性方面，强调“这些年，党中央出台了一系列支持粮食生产的政策举措，就是要让中国人的饭碗牢牢端在自己手中，就是要让种粮农民有钱挣、得实惠，日子越过越好”。就保障主产区抓粮积极性方面，强调“我们要保护好地方政府抓粮积极性，要强化对主产省和主产县的财政奖补力度，逐步建立健全对主产区的利益补偿机制，保障产粮大县重农抓粮得实惠、有发展，不能让生产粮食越多者越吃亏”。“国家要加大对粮食主产区的支持，增强粮食主产区发展经济和增加财政收入能力，实现粮食主产区粮食生产发展和经济实力增强有机统一、粮食增产和农民增收齐头并进”。就提升粮食产业链效益方面，强调“发挥自身优势，抓住粮食这个核心竞争力，延伸粮食产业链、提升价值链、打造供应链，不断提高农业质量效益和竞争力，实现粮食安全和现代高效农业相统一”。就稳定粮食市场供应、保障消费者可得性方面，强调“粮价一头连着生产者，一头连着消费者”，“保持粮价合理水平，要兼顾好生产者和消费者利益”。“从长远看，要按照市场定价、价补分离的原则，探索实行目标价格政策，完善粮食价格形成机制，逐步建立价格低时补生产者、价格高时补低收入消费者的机制”。

习近平总书记的重要论述为我们指明了方向。构建粮食安全利益保障机制是以实现“产得出、运得到、买得起”为目标，通过协调粮食产业链利益相关主体的关系，确保粮食生产、加工、消费、管理等活动正常运行，并充分释放经济效益在保障粮食安全中的作用的一套具体的运行方式，构建一个全产业链利益共赢的局面。具体地，聚焦调动主产区抓粮积极性和保护好农民种粮积极性，确保粮食“产得出”；抓好“粮头食尾”和“农头工尾”，通过“三链协同”，做好粮食市场和流通的文章，确保产品“运得到”；统筹粮食商品和战略属性，把市场经济和政府调控有机融合，合理确定粮价区间范围，确保群众“买得起”（见图①）。应加快健全粮食安全利益保障机制，夯实稳产保供的基础，强化农业可持续发展的动力，推动实现共同富裕。

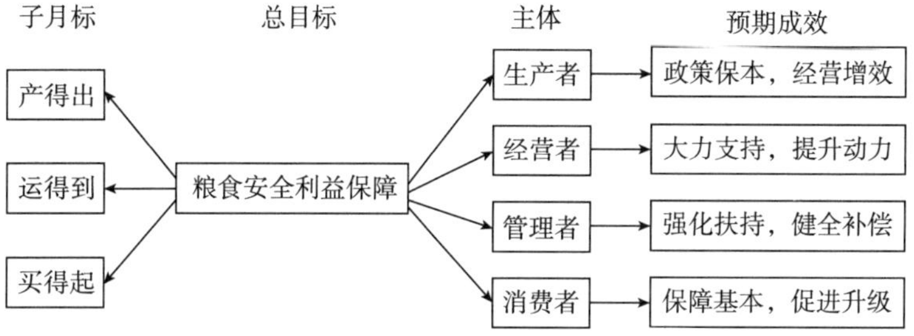

◇图① 粮食安全利益保障机制的目标及思路

（二）粮食安全利益保障机制设计的重点及思路

筑牢“大国粮仓”是全社会共同的使命。现阶段保障涉粮主体利益，需要处理好长期和短期、政府和市场、公平和效率之间的关系，调动粮食生产者、经营者、管理者、消费者各方积极性，构建共同维护粮食安全的局面。

对于生产者而言，农民是粮食生产的一线主体，“农民种粮能赚钱，国家粮食就安全”。要合理保障种粮者收益，特别是保护好小农户种粮收益，按照让农民种粮有利可图的目标要求，推动健全农民种粮收益保障机制，从源头激发粮食稳产保供的动力。与此同时，鼓励通过农业社会化服务等形式帮助小农户、解放小农户，让小农户既能实现粮食生产节本增效得益，又能外出务工增收。

对于经营者而言，从事粮食收、销、储、运、加、进出口等经营活动的企业，既是直接参与粮食市场原粮交易的买方，又是商品粮供应的卖方，是粮食转化增值的重要桥梁。要优化企业发展环境，通过财政、税收、金融等政策举措，给予企业更多经济支持，引领企业正确发展方向，让企业有能力加大研发力度、改进管理水平、延伸产业链条、提升产品价值，强化高质量发展的内生动力，提高企业可持续发展能力。

对于管理者而言，政府在粮食安全中负有主体责任，担负着加强基础性、公共性和正外部性的粮食生产、储备和流通能力建设方面的职责。要持续加大对主产区的财政转移支付力度，强化对主产区的政策扶持与倾斜。加快探索建立粮食产销区省际横向利益补偿机制，促进粮食大省向粮食强省转型，让主产区重农抓粮有积极性、更有能力和底气。

对于消费者而言，我国拥有最大规模的粮食和食品消费市场，这是调动生产者、经营者积极性，促进粮食生产、加工等活动的最大动力。一方面，要保基本，注重完善粮食供应体系，健全粮食储备和应急系统，避免因市场价格波动或突发重大事件影响消费安全，保障好低收入群体、特殊群体等基本食物需求。另一方面，要促升级，不断满足消费者对高品质粮食产品及衍生服务的需求。

三、完善粮食安全利益保障机制的对策建议

党的二十大报告中强调加快建设农业强国，保障粮食安全则是农业强国建设的底线任务，其中健全粮食安全利益保障机制是重要的实现路径。要充分调动和保护好“两个积极性”，抓好“粮头食尾”“农头工尾”，全链条做好粮食安全利益保障工作，让涉粮各方得实惠，充分释放经济效益在保障粮食安全中的作用。

（一）优化补贴政策，强化政策保本功能

一是健全完善粮食补贴政策。规范补贴发放标准和流程，完

善种粮农民统计体系，实现精准识别，探索构建将补贴与粮食生产、与农业现代化相挂钩的有效机制，力争做到对补贴对象开展差异化激励，提高粮食补贴资金使用效率。注重加强种粮成本监测，建立响应成本变化的临时补贴启动机制。二是要继续执行粮食最低收购价政策。坚持完善当前稻谷、小麦最低收购价政策，适当提高价格水平，但仍应以维稳为主，兼顾生产成本、国内外价格，防止出现过度反应。探索推动构建粮食质量差价收购机制，根据市场价格及粮食质量给予种粮主体价差补贴。针对金融化层次不同的粮食作物，应优化不同品种、不同品质的比价关系，健全粮食价格形成机制，让粮食价格真正反映市场供求。三是加速推动农业支持保护政策设计“绿色转型”。以绿色生产、提质增效为引领，扩大并提高农民绿色生产、先进技术采用等的补贴范围和标准。完善粮食多层次保险产品体系，以“险补结合”应对粮食生产的自然与市场风险。

（二）加快发展农业社会化服务，实现经营增效

一是延伸服务范围。围绕种粮者现实需要，延伸粮食全产业链条服务，通过前端引入先进适用的技术、管理等要素和设施装备，实现节本提效；通过后端强化物流、销售、品牌化等功能，实现延链增值。二是紧密服务小农户。服务侧重于小农户，实行个性化、分层次的服务方式，加速引领小农户进入现代粮食产业体系。同时，充分发挥村委和村集体经济组织的中介和服务功能，破解小农户分散经营交易成本高的难题。三是确保服务质量。不断健全服务标准、合同管理等制度建设，稳定农民种粮收益预期。与此同时，对于被农业社会化服务从农业劳动中释放出的剩余劳动力，政府部门应聚力营造外出务工就业的良好政策和制度环境，畅通增收渠道。

（三）协调产业链主体关系

一是促进产业链多元主体发展，鼓励和扶持私营主体参与粮食产业链建设，扶持信誉、发展前景良好的民营粮食企业，营造良好的市场竞争氛围。二是结合当前农产品流通渠道发展规律，明确粮食经纪人市场流通中介的性质，在规范经营的前提下，鼓励粮食经纪人发展。三是明确和强化国有粮食收购企业的主体地位，发挥市场购销主渠道作用。此外，鼓励不同环节主体相互合作，大力发展订单农业、产业化联合体等新型合作经营方式，完善市场竞争机制，优化产业链利益分配，提高粮食收购市场交易效率。

（四）逐步健全主产区利益补偿机制

一是按照耕地资源承载力优化粮食生产区域布局，落实主产区、主销区、产销平衡区粮食生产责任。推动粮食产业链向主产区集中，提高主产区粮食产业发展效益和竞争力，把粮食产业链增值收益和税收尽可能地留在主产区。二是探索粮食产业跨区域融合发展，鼓励开展多种形式的产销合作，如创设农地发展权交易体系，引导主销区与主产区合作建设生产基地等。三是探索和建立与粮食调出量、输入量相挂钩的发展帮扶机制，密切主产区与主销区利益连接机制，推动主销区发展资源向主产区转移。例如，探索农田建设区域补偿机制。鼓励探索省份之间高标准农田建设的协作帮扶，引导调入省份对调出省份高标准农田建设相关工作的参与和支持，促进双方资本优势互换、产量优势互补。四是在财政支农政策方面，强化对基层政府尤其是主产区基层政府的财政支持，实现财力与支出责任相匹配机制。五是探索横向转移支付补偿机制，考虑人口粮食消费量、实际粮食产量等因素，明确补偿标准，建立合理的成本分担机制。

（五）健全应急储备及市场调节机制

一是建立健全“中央统筹、地方管理、地区联动”的储备运行机制，结合国内粮食生产、国际贸易等监测信息，对调节储备规模进行动态管理。同时匹配确定战略储备、企业商业储备规模。就对外依存度较高的重要农产品，应逐步建立起合理的进口调节机制，定期监测发布相关生产、流通、进出口、消费、库存信息，引导和稳定国际市场预期。二是加快建设完整、持续、可靠的全球化粮食信息检测与预警体系，跟踪和评估主要粮食生产及出口国农业政策、气候变化、货币汇率走势、国际游资动向等，为国家粮食供给宏观调控提供支撑。 三是聚焦补齐短板，继续推动粮食应急保障体系建设。提升检测预警体系精准性和储备结构的合理性，加强加工转化能力和消费者可及性，提升应急供给主体协同性。增强忧患意识，加强粮食安全领域风险防范，提前做好应对准备。

（张哲晰，农业农村部农村经济研究中心副研究员；炎天尧，农业农村部农村经济研究中心助理研究员；穆月英，中国农业大学经济管理学院教授）

“双碳”目标下中国能源发展与能源安全若干问题思考*

余国　姜学峰　戴家权　王利宁　彭天铎

一、“双碳”目标与能源发展

新冠肺炎疫情暴发以来，各国更加重视绿色低碳发展，130多个国家设定了在本世纪中叶前后实现碳中和的雄心目标，为后疫情时代的经济复苏注入绿色新动能。当前，中国正致力于新发展阶段的绿色低碳经济体系建设。2020年9月22日，国家主席习近平在75届联合国大会一般性辩论上宣布，中国将提高“国家自主贡献”力度，二氧化碳排放力争于2030年前达到峰值，努力争取2060年前实现碳中和（以下简称“双碳”目标）。中国正陆续构建和发布“1+N”政策体系（即1个顶层设计文件，N个分领域分行业实施方案），确保如期实现“双碳”目标，绿色低碳将成为中国未来数十年内经济社会发展主线之一。

党的十九届五中全会提出，要统筹发展和安全，建设更高水平的平安中国。能源安全和粮食安全共同构成国家安全的两大基石。改革开放以来，作为经济社会发展的动力源，中国能源建设

* 节选自《国际石油经济》2021年第11期，收录时略有改动。

和发展取得了历史性成就，建立了煤炭、石油、天然气、非化石能源全面发展的多元能源供应体系，成为全球最大的能源生产和消费国。近十年来，中国以较低的能源消费增速支撑了经济中高速增长，能源消费弹性系数一度低至 0.2。当前中国能源发展仍面临煤炭所占比重偏高、油气供应海外依赖度过高、碳排放强度高、可再生能源供给不足以及管理体制机制障碍等问题。

未来中国经济和社会发展仍需要高质量的能源保障，以助力实现第二个百年奋斗目标和全面建成社会主义现代化强国。习近平总书记强调，“能源安全是关系国家经济社会发展的全局性、战略性问题，对国家繁荣发展、人民生活改善、社会长治久安至关重要”，并提出了“四个革命、一个合作”能源安全新战略。2021 年 10 月，习近平总书记在考察胜利油田时指出，“能源的饭碗必须端在自己手里”。未来保障能源稳定供应、推进绿色低碳发展依然任重道远，需要更好统筹能源发展与能源安全。

二、转型期中国能源安全供应面临“四大挑战”

（一）挑战一：面临满足能源需求增长与推进低碳转型的双重挑战

随着中国经济增长步入高质量发展阶段，潜在经济增长率将趋于下降，经济由中高速增长转向高质量增长，但对于能源的需求依旧较高。国际经验表明，当人均国内生产总值达到 2 万—3 万美元时，人均用能达到峰值（见图 1）。中国人均国内生产总值刚刚达到 1 万美元，人均用能水平仅约 3.5 吨标煤，较欧美等发达国家 5—8 吨标煤 / 人的水平还有较大提升空间。据测算，2030 年中国能源消费量将达到60亿吨标煤左右，较目前水平再增长约10亿吨标煤。

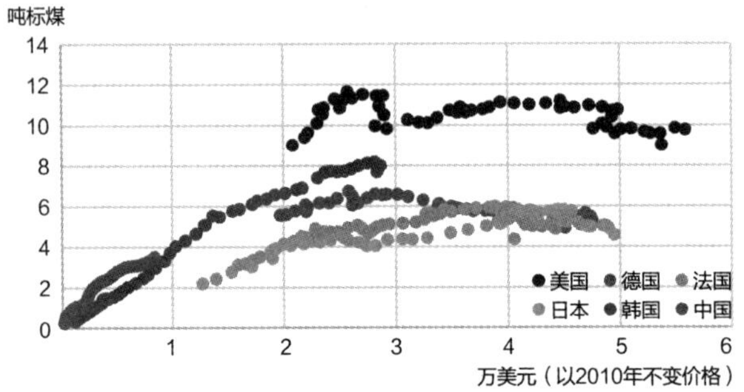

◇图1　人均国内生产总值与人均用能关系

数据来源：世界银行；bp；国家统计局《中国统计年鉴2020》

能源结构中煤炭占比高导致能源结构低碳化任务艰巨。从不同化石能源碳排放因子看，煤炭的单位热值排放量最高，分别是原油和天然气的1.2倍和1.6倍。受资源禀赋影响，煤炭一直是中国能源消费的主体，煤炭年消费量较长时期在40亿吨水平波动（见图2），消费波幅在±5%左右。近年来，大气污染环境治理推动煤炭消费加快集中化和清洁化利用步伐，但煤炭仍是主体能源，是中国碳排放量巨大的首要原因。

产业结构偏重使得产业转型升级面临挑战。制造业是国民经济的基石，用能总量大，碳排放量高。高耗能产品产量大是制造业能源消费多的重要因素，例如中国粗钢、水泥、电解铝等产量分别占全球的53%、60%和56%。加之中国制造业用能以煤为主（占比达一半），使得制造业能源消费总量占全国一次能源消费总量的56%左右，能源相关碳排放量占全国总排放量的比重高达36%。构建“双循环”发展新格局，需要建设完整的产业链和供应链，保持制造业比重基本稳定，不可能采取欧美等发达国家（第三产业所占比重达80%以上）将高耗能和高排放产业全部向外转移的模式。通过产业升级、能效提升以及循环经济深入发展，促进经济增长和能源消费脱钩的任务依然艰巨。

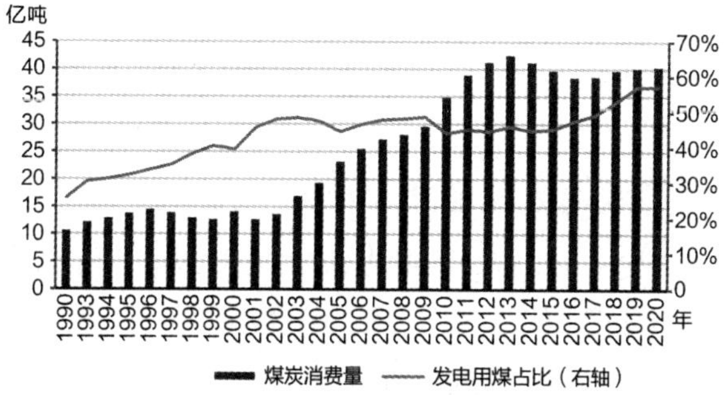

◇图 2　1990—2020 年中国煤炭消费量
数据来源：国家统计局《中国统计年鉴 2020》

（二）挑战二：近中期可再生能源仍受技术和系统成本制约，加剧了保障难度

电力供应从集中式数量相对较少的大型火电厂转向分散的、不稳定的风能、太阳能等可再生能源，系统出力波动性明显加大。在现有技术条件下，可再生能源的 80% 以上需要转化为电能进行利用，非水可再生能源（风、光）发电出力不确定性强，具有随机性、波动性特征，在遭遇极端天气时，这些脆弱性会加剧能源系统的安全风险。

随着新能源占比提升，极度稀缺和极度丰饶情况将频繁交替出现，电力负荷峰谷差大概率成为常态，电力系统不稳定性加剧。以欧洲为例，2020 年，可再生能源发电在欧盟发电量中的比重达到 38%（见图 3），成为电源结构的主力。2021 年上半年北半球天气反常，造成二季度欧洲部分地区新能源发电不及预期，风力发电量比 5 年平均水平低 45%，英国风电出力由往年的 25% 降至 2021 年的 7%，受天然气价格飙升影响的天然气发电积极性不足，导致电力供应紧张和电价大涨，对经济发展和居民生活造成明显影响。2021年9月，中国东北多地由于风电骤减，原本受煤价高企、电煤紧缺导致的电力供应缺口一度增加至严重级别，电网运行面临事故风险，为保证电网安全运行，不得已采取拉闸限电措施。

可再生能源发电大规模并网导致电力系统的可靠性维护成本大幅提升。尽管风能、太阳能等可再生能源发电成本较快下降，甚至达到平价上网，但电力系统的总成本并未下降。模型测算结果表明，如果独立电力系统中新能源电量占比达到40%，系统运行维护成本将与发电效益基本相当。

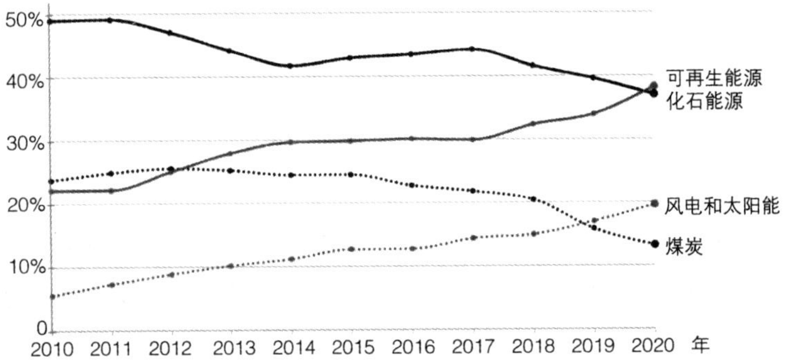

◇图3　2010—2020年欧洲电力结构变化

注：图中可再生能源包括水力、风能、太阳能、地热能、生物质能等

资料来源：Agora Energiewende.The European Power Sector in 2020.2021

（三）挑战三：推进转型过程中传统化石能源的压舱石作用易被忽视

“减煤”被视为能源绿色低碳转型的主要措施，但煤炭在中国能源安全中发挥着主体作用。“减煤”速度过快、力度过大，将削弱煤炭对保障能源体系安全运转的“托底保供”作用。受能源转型和行业去产能影响，近年来中国煤炭产能规模收缩，2020年受疫情影响，产能一直处于低位震荡，行业产能利用率为69.8%，低

于2018年、2019年的水平，但煤炭消费受经济复苏带动持续增长，煤炭供应跟不上需求的增长节奏与规模，导致煤炭短缺和煤价上涨。2021年下半年以来，中国多个省市重现供电紧张，采取“有序用电”“拉闸限电”手段，不得不启动煤炭阶段性增产增供措施。如果煤电退出操之过急，储能等电力峰谷调节技术没有大突破，今后更大范围、更深程度的缺电现象和电力价格波动将频频出现。

油气对外部资源的高度依赖较长时期内还不能从根本上改变。2020年，中国石油对外依存度超过72%（见图4），未来20年，中国石油和天然气的对外依存度将分别保持在70%以上和40%以上。在全球绿色低碳转型背景下，油气需求不被看好，企业投资积极性减弱，2020年全球油气勘探开发投资为3090亿美元，比上年减少1332亿美元，降幅为30%，供应能力较快下降的风险较大。中国天然气需求季节性强，储备和调峰能力建设滞后，进口价格快速攀升，跨境长输管道进口气还存在着减量和断供风险，中国天然气一直面临较大的保供压力。发达经济体贸易保护主义不断升温，逆全球化倾向加剧，将阻碍全球油气投资合作和贸易，油气产业链和供应链不稳定、不确定性因素增多。中美两国将在相当长时期内处于战略博弈态势，美国或将通过军事影响、经济制裁、金融霸权、长臂管辖以及操控油价等手段间接影响中国能源海外合作和稳定供应，可能对中国能源安全造成较大影响，包括存在着局部地区冲突造成海外项目、跨境管道以及海运风险。

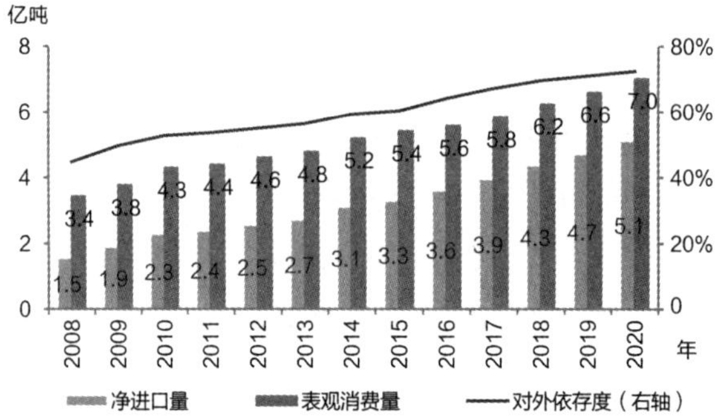

◇图 4　2008—2020 年中国石油消费量和对外依存度
数据来源：中国石油集团经济技术研究院

（四）挑战四：传统能源安全与新型资源供应安全和网络安全风险叠加

在油气对外依存度居高不下的背景下，新能源产业链和供应链面临更加复杂的安全风险。锂、钴、稀土等战略性矿产资源是新能源产业链和供应链的重要物质基础。除稀土外，中国镍、钴、铜等矿物储量并不丰富（见图 5）。目前，中国电动汽车大规模发展所需的电池材料镍、钴对外依存度分别超过 80% 和 90%。预计 2040 年中国电动汽车保有量将达 2 亿辆，届时动力电池产业镍和钴累计需求量将分别超过 370 万吨和 39 万吨，分别是目前可采储量的 1.2 倍和 4.8 倍。中国关键矿产资源储量相对匮乏，但加工规模巨大，铜、镍和钴金属加工量分别占全球的 40%、35%、65%。在原材料高度依赖国际市场的情况下，国际原材料价格的大幅波动会对产业链和供应链造成严重冲击，例如 2021 年初以来铜和钴分别涨价 64% 和 36% 以上。未来中国除了要应对油气供应保障压力，还面临关键矿产供应中断、贸易限制、价格波动或其他事态发展带来的风险。

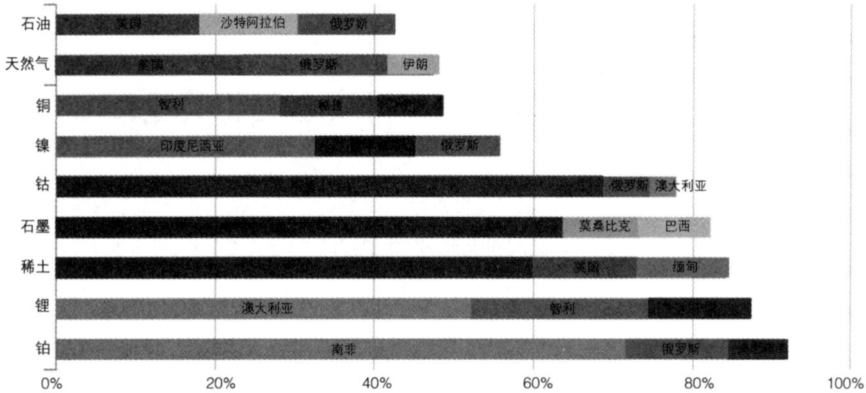

◇图 5　2020 年全球能源和矿产资源产量排名居前 3 位的国家

资料来源：国际能源署（IEA）

能源系统互联性和自动化程度提升，受网络攻击的风险加大。随着能源生产和运输方式的信息化和智能化发展，能源行业遭受网络攻击逐渐呈现频次多、影响大的双重特征。例如，2012 年沙特阿美石油公司遭到一次破坏性网络攻击，企业内部计算机网络完全瘫痪，对生产运行产生较大冲击。2020 年欧洲大型能源企业 Enel Group 公司两次遭遇勒索软件攻击，窃取数据多达 5TB。2021 年 5 月，美国管道公司科罗奈尔公司（Colonial）因遭受勒索软件攻击，暂停其在美国东海岸的输送业务，对当地油气供应造成很大影响。目前，勒索软件还停留在个体化的锁定能源交易和运输环节的关键数据、破坏操作计算机、瘫痪能源运营系统等层面，尚未对管道运输等进行物理损害。一旦敌对力量通过网络系统延伸破坏管道压力和温度或篡改管输流向，则可能引发严重中断、泄漏甚至是爆炸等安全问题。

三、统筹能源发展与能源安全的相关建议

（一）坚决有效执行顶层设计规划

中央已出台做好碳达峰、碳中和工作的意见和碳达峰行动方案，各地区和各行业需要完整、准确、全面贯彻新发展理念，有效落实并科学执行顶层设计方案。一是经济社会低碳转型应建立在技术可行、经济合理、社会可承受、安全有保障的基础上，建议以先控碳排放强度后控碳排放总量的思路有序推进低碳转型，在2035年中国基本建成社会主义现代化国家前，控制碳排放强度为主要约束指标，2035年后逐步加大碳排放总量约束。二是统筹考虑、科学分解国家减排总目标至各地区、各行业。三是坚持因地制宜，分清轻重缓急稳步推进各行业碳减排行动，例如能源行业要分阶段推进去煤化、天然气替代、煤油气退出等。

（二）构建安全可靠的能源储备系统

坚持“立足国内、补齐短板、多元保障、强化储备”，增强能源安全保障能力。油气核心需求依靠自保，夯实国内能源生产的基础性地位，加大油气勘探开发力度。不断完善石油应急管理协同机制，统筹建立国家战略储备、商业储备和企业生产运行库存动态监测体系，形成储备与生产、加工、运输和供应之间的联动应急能力。尽快建成一定规模的国家天然气战略储备，形成国家、资源企业、城市燃气企业三级储备主体，以及战略储备和商业储备相结合的天然气储备体系，同时增加储气规模，形成地下与地

上相结合的储库系统。加快建立战略性矿产资源“产、供、储、循、替”新体系，提升调控市场供应、应对突发事件和保证资源供应安全能力。

（三）建立统筹兼顾的利益平衡机制

在可再生能源发电占比快速提升进程中，需要高度重视新能源和可再生能源利用的综合成本上升问题，建立成本疏导机制，以市场化手段化解成本增加问题。建议在综合考虑各环节成本与收益的基础上，以用户可承受、各类电力生产与运营主体有合理回报为原则，形成分主体、分季节、分峰谷的电力价格形成机制，使电价在各个环节能及时反映成本与供求关系变化。

（四）超前规划布局关键技术

科技创新是推动低碳转型和降低用能成本的根本动力。建议加强科技战略引领，制定新型低碳、零碳技术发展规划，围绕构建新型电力系统、二氧化碳捕集与封存/二氧化碳捕集利用与封存技术布局等，持续攻克新型清洁能源发电技术和新型电力系统规划、运行及安全稳定控制技术，以及新型先进输电技术、新型储能技术、电氢碳协同利用技术、二氧化碳回收和利用技术等。

（作者单位：中国石油集团经济技术研究院　中国石油集团油气市场模拟与价格预测重点实验室）

坚持总体国家安全观打造网络安全风险防范体系的探索与实践*

贵重

一、研判国内外安全形势，把握出发点

（一）党和国家高度重视网络安全工作

当前，世界主要国家和地区均将网络安全上升至国家战略的高度。坚持总体国家安全观，统筹发展和安全，增强忧患意识，做到居安思危，是我们党治国理政的一个重大原则。在当前世界不稳定不确定因素日益增多、国际格局复杂多变的关键时期，坚持以总体国家安全观为引领，对于我国妥善应对新问题新挑战，努力开创国际合作新局面具有重要指导意义和重大现实意义。

网络安全作为非传统安全的代表，是总体国家安全观的重要组成部分。随着信息通信技术从消费侧向生产侧加速渗透，网络安全越来越成为数字经济发展的核心要素与关键保障。我国相继颁布了《中华人民共和国数据安全法》《关键信息基础设施安全保

---

* 选自《电信工程技术与标准化》2021 年第 11 期。

护条例》(中华人民共和国国务院令第745号)、《中华人民共和国个人信息保护法》，加上此前施行的《中华人民共和国网络安全法》，共同构建了我国网络空间安全的整体法律基础。这充分说明，党和国家高度重视网络安全，网络安全已成为我国面临的最复杂、最现实、最严峻的安全问题之一。

(二)国内外网络安全形势严峻

当前，网络安全形势日趋复杂严峻，网络空间日益成为各国战略博弈的重要战场，网络攻防对抗的强度、频率、规模和影响程度不断升级。从全球来看，一是网络冲突规模不断升级，世界主要国家频繁更新迭代网络安全战略，不断加快网络军事力量建设步伐，网络空间成为“兵家必争之地”。二是网络攻击烈度持续提升，全球范围内网络攻击数量呈快速上升态势，关键信息基础设施成为攻击“重灾区”，面临前所未有的安全威胁和挑战。三是恐怖主义与DICT技术结合催生出的网络恐怖主义迅速升级为全球性的安全威胁。四是网络意识形态交锋日趋激烈，一些西方发达国家凭借技术与经济优势，利用互联网进行意识形态渗透。

从国内来看，一是网络安全风险挑战不断增大，针对基础网络、基础电信企业的攻击非常活跃，大流量拒绝服务攻击单次流量峰值极高，木马和僵尸程序攻击依然大量存在。二是电信网络新型违法犯罪增多，电信网络诈骗、高频骚扰电话、“伪基站”等电信网络新型违法犯罪呈现产业化发展倾向，对广大人民群众利益造成损害。三是个人信息泄露事件频发，近年来个人信息泄露事件频发，个人隐私保护面临严重威胁。2021年央视“3·15”晚会曝光了人脸数据滥用、简历信息泄露等问题，均涉及隐私数据与信息，严重威胁个人的财产和隐私安全。

（三）网络安全是企业高质量发展需求

经济社会的数字化转型进程正在加速，基础设施、社会治理、生产方式、工作方式、生活方式的数字化需要网络安全保障，线上化、智能化、云化等数字化转型的共性需求离不开网络安全的支撑。

在数字经济迅速发展的当下，网络安全对于企业来说，已从原来的“保底线”要求转变为“破高线”目标，成为持续健康发展的基础前提条件和重点突破领域。要坚持总体国家安全观和网络强国战略，从国际国内大势出发，立足企业发展实际，明确工作定位，不断推进网络安全工作实践向纵深开展。

二、分析安全工作现状，找准切入点

随着信息通信技术的飞速发展，“云、网、端、安”加速布局，网络安全面临的风险与威胁不断增多，相关工作的内涵与外延持续拓展，这些都给传统网络安全工作提出了全新的挑战。综合外部环境形势和内部发展需求，我国大中型企业网络安全工作水平仍有较大提升空间，具体表现为“五个缺失”。

一是安全意识缺失。主要表现为“重业务、轻安全”的错误观念广泛存在，相关工作人员的安全意识依然薄弱。

二是安全责任缺失。主要表现为网络安全管理责任不清，责任制落实不到位。

三是安全手段缺失。打造了一系列安全手段，但基础设施仍待整固。各专业平台存在相对独立、逻辑结构分散的“孤岛”现象，难以实现集中化、标准化目标。

四是安全运营缺失。主要表现为安全运营工作以查漏洞、打补丁、配策略为主，涵盖识别、监测、评估、响应的全流程安全运营尚未建立。

五是安全能力缺失。主要表现为风险感知能力不足、问题溯源能力不足、纵深防御能力不足等。

网络安全事关国家安全、社会稳定、人民福祉，要认清面临的形势与任务，积极应对日益突出的安全威胁，紧盯存在的问题，坚持“标本兼治，重在治本”的原则，及时整改和处置工作中存在的不足，全力弥补在制度机制上存在的欠缺，力求从根源上消除问题与隐患。

三、探索打造风险防范体系，抓好落脚点

（一）体系框架

在内部构建符合外部要求和自身发展需要的网络安全管理与实践体系，是企业当前面临的重要挑战。本文基于对网络安全整体态势和行业发展情况的认识，在总体国家安全观的框架下，尝试构建可管可控可信的网络安全风险防范体系，为做网络强国、数字中国、智慧社会主力军构筑坚实网络安全屏障。网络安全风险防范体系实践框架如图 1 所示。

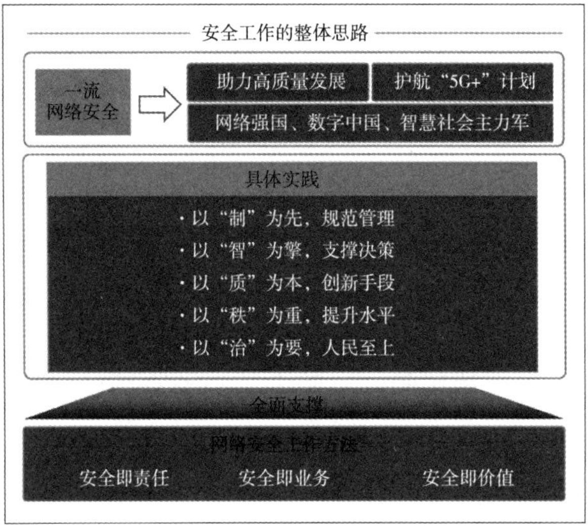

图 1　网络安全风险防范体系实践框架

（二）工作方法

如何将上述风险防范体系落地做实，本文认为应在方法上做到“三个坚持”。

一是坚持“安全即责任”。强化关键基础设施防护，为国家筑牢网络安全防线。加强网络空间治理，以网络不良信息治理、电信网络诈骗治理、个人信息保护等为重点，维护人民群众合法权益，提升人民群众的“幸福感”。

二是坚持“安全即业务”。为加速信息技术融合创新提供助力，做到风险主动感知、威胁主动监测、手段积极防御，为推进信息基础设施建设、建设好信息“高速”提供有力业务支撑，增强人民群众对企业业务的“安全感”。

三是坚持“安全即价值”。为信息技术与民生融合提供动能，为推进全社会数智化转型、运营好信息“高铁”提供高价值服务，满足人民群众对数字化美好生活需要，提高对网络安全服务的

“获得感”。

（三）具体实践

1. 以“制”为先，规范管理

通过规划引领、制度规范、流程细化、合规指引，为一线人员依法合规开展网络安全工作提供坚实支撑。一是完善顶层设计，构建权责清晰、运转高效、管理闭环的领导小组工作机制。二是夯实制度基础，明确网络安全工作流程。三是强化法律指引，制定重大突发公共卫生事件和重大自然灾害等典型场景下的风险合规指引，提出操作性合规建议，凸显网络安全工作的保障与支撑作用。

2. 以“智”为擎，支撑决策

面对网络安全这一全球性挑战，充分发挥网安智库支撑作用。一是密切追踪国内外网络安全政策法律最新动态，对最新发布的政策文件、法律法规进行解读，对国内外重要的网络安全事件进行分析，为企业发展提供决策参考。二是对网络安全技术前沿、技术热点、技术难点、技术重点等问题开展系统研究，敏锐把握网络安全领域的新趋势、新发展、新动向，前瞻性地思考问题，加强科学研判，为企业行业产业提出应对举措与建议。三是将网络安全最新动态、信息知识，在媒体上进行宣传、宣贯，推动法律法规要求入脑入心，助力全民提升依法开展网络安全工作的意识和能力。

3. 以“质”为本，创新手段

树立动态、综合的防护理念，充分运用大数据分析和人工智能等新技术，形成系列安全解决方案。一是坚持标准先行，在标准组织中积极担任网络安全领域领导职务，制定网络安全国际和国内标准，力争安全标准研制多层次结果、应用多领域开花、生态建设多方向突破，构建端到端全覆盖的5G安全标准体系。二是坚持技术驱动，紧盯焦点问题，研发打造安全威胁集中监测分析平台，打破“创可贴”式以安全事件处置为核心的被动安全管理模式，实现针对高级威胁攻击的风险智能识别、威胁持续监测、安全恢复验证、预警处置联动、检测情报挖掘。三是坚持集中攻关，创新构建电信网络诈骗治理平台，有效发挥了打击治理“正本清源”的作用。

4. 以“秩”为重，提升水平

构建上下互通、前后联动、内外结合的管理新秩序，推动网络安全综合能力与水平稳步提升。一是上下双通道，自上而下第一时间深入解读国内外相关法律法规，自下而上积极参与网络安全领域国家重大法律法规的制定工作。二是前后端联动，前端积极开展不良信息治理、重大活动网络安全保障、进行网络安全积极防御，后端及时准确掌握国家最新的政策法律法规要求，为安全能力提升夯实基础。三是内外部结合，对内服务企业发展，对外支撑行业、国家重大网络安全工作。

5. 以“治”为要，人民至上

以保障广大人民群众合法权益为目标，全力构建敏捷高效的网络安全和应急保障体系，推动不良信息集中治理不断深化。同时，积极探索将网络安全优势转化为客户口碑，针对群众关心的热点难点问题，创新推出定制化安全防护服务，切实保障群众合法权益。

综上所述，坚持“安全即责任、安全即业务、安全即价值”，持续推动“制”“智”“质”“秩”“治”紧密结合，逐步构建网络安全风险防范工作体系，为企业高质量发展提供保障。

四、结束语

深化落实总体国家安全观任重而道远。企业应坚持统筹发展与安全，深入落实网络安全工作责任制，兼顾企业经济发展利益与社会责任履行，立足企业自身发展战略，充分利用自身优势特点，明确短板不足，加大投入，体系化、系统化提升网络安全能力与水平，为自身健康可持续发展打下坚实基础。

（作者系中国移动通信集团有限公司高级工程师）

国家生物安全治理研究*
——以新冠肺炎疫情防控治理为例

徐晓林　刘帅　毛子骏

一、总体国家安全观下的生物安全治理

（一）生物安全上升为国家安全治理议题

随着生物安全问题成为共识性的重大风险挑战，生物安全治理已进入国家安全治理的核心议题之中。众多发达国家将生物安全作为国家安全体系的重要组成部分。德国将传染病定性为国家安全威胁，英国、澳大利亚等国将安全、国防等部门也作为公共卫生问题应对的组成部门。美国每年投入近百亿美元用于提升生物安全防护能力，先后实施了“生物盾牌”“生物监测”“生物感知”等计划，形成了首屈一指的生物威胁监测预警与防护应对体系。2018 年 9 月 18 日美国发布《国家生物防御战略》，提出从国防和军事角度评估和抵御生物威胁，以举国之力打造生物安全防御体系。该战略是美国首个全面解决各种生物威胁的系统性战略，

---

* 节选自《风险灾害危机研究》第 13 辑，收录时略有改动。

由美国国防部、卫生与人类服务部、国土安全部和农业部共同负责实施。该战略提出了美国要增强生物风险防御意识、提高生物风险防范能力、做好生物威胁防御准备工作、建立快速响应机制和促进生物安全事件事后恢复工作五个目标。针对生物安全风险，美国不仅重视传染病的监测预防等问题，也从国防和军事等方面做了大量的技术储备。近 20 年来美国一直独家阻挡重启《禁止生物武器公约》核查议定书的谈判。这引发了国际社会对于生物武器研发竞备与扩散的担忧。

生物安全治理能力是国家治理能力的重要组成部分。美国学者安德鲁·普里斯－史密斯（Andrew T. Price-Smith）将卫生治理能力作为国家能力的要素之一，认为应对传染病暴发的能力是衡量国家能力的标准。这里应当指出的是，传染病治理是生物安全事件发生后的公共卫生应对措施，生物安全更加需要的是全面综合的治理体系。对于生物安全而言，危机暴发时发挥公共卫生管理体系的应急能力固然非常重要，但是化解生物安全领域各类风险隐患和进行生物安全技术的充分储备才能更好地进行源头治理，防患于未然。因此生物安全治理体系更需要统筹应对，仅仅依赖非常态管理体制已经很难适应这样的治理需求，生物安全问题治理需要从国家治理体系角度重新进行审视和再规划。习近平总书记提出的必须“从保护人民健康、保障国家安全、维护国家长治久安的高度，把生物安全纳入国家安全体系”及时明确了生物安全治理在国家治理体系中的定位，精准回应了当代生物安全治理的现实需求，是以人民为中心思想的体现。生物安全治理需要从国家治理体系进行顶层设计，对生物安全涉及的各类问题进行全面应对，将常态化管理和非常态化管理相结合，释放国家治理能力，在根本上避免陷入旧问题反复发生、新问题层出不穷的被动应对局面。

（二）生物安全在国家安全体系的定位

尽管国家生物安全问题已经进入了国家治理的视野之中，但是对于生物安全在我国国家安全体系中的定位问题，学者们还没有形成统一的观点。一种观点认为，生物安全是国家安全体系中隶属于资源安全下的二级要素。环境资源法专家蔡守秋提出，广义的环境安全是指“人类环境的生存和完整性处于一种不受污染和破坏的威胁并且不威胁人类生存发展的安全状态”，其中就包括生物安全、食物安全、人的生命健康安全等内容。这样的观点倾向于保持原有国家安全体系的连贯性和统一性。另一种观点则更倾向于将生物安全作为一种新的国家安全体系的组成部分。国际关系学专家李文良认为国家生物安全理论将防控重大突发传染病与应用生物技术安全、实验室生物安全、生物资源和人类遗传资源安全、防范外来物种入侵与保护生物多样性、防范生物恐怖袭击、防御生物武器威胁等安全内容融合为有机整体。

对于生物安全在国家安全体系的定位问题可以从两方面理解。

一方面是安全问题对国家核心利益的威胁程度。安全问题对国家核心利益是否构成了重大、现实和紧迫的挑战是其能否成为国家安全重要组成部分的根本性标准。政治安全、国土安全、军事安全、经济安全、文化安全、社会安全、科技安全、信息安全、生态安全、资源安全、核安全，以及在《国家安全法》中增加的“粮食安全”“网络安全”“外空间安全”“海外安全”都是涉及国家核心利益的安全问题。总体国家安全观强调要坚持以民为本、以人为本，坚持国家安全一切为了人民、一切依靠人民。生物安全问题涉及的是人民群众的生命健康问题和国家生物技术的安全问题，是无可否认的国家核心安全利益。正如非传统安全研究中提出的各类“人的安全”“人民安全”“人本安全”“人类安全”等概念，虽然侧重不同，但都是强调要将保障人的生命安全作为根本目标，任何把安全作为工具的观念都不符合马克思主义安全观。生物安全的构成核心要素就是人的安全，将生物安全纳入国家安全体系就是要进一步提升保护人民生命健康安全的能力，更为直接地落实以人民安全为宗旨的国家安全核心价值观。

另一方面，生物安全问题在总体国家安全观中的位次问题。在已有的国家安全体系中并没有将生物安全作为一个高位阶的安全要素。在《中华人民共和国国家安全法》中关于资源安全部分的论述是："国家合理利用和保护资源能源，有效管控战略资源能源的开发，加强战略资源能源储备，完善资源能源运输战略通道建设和安全保护措施，加强国际资源能源合作，全面提升应急保障能力，保障经济社会发展所需的资源能源持续、可靠和有效供给。"其中主要强调资源的保护与开发，并没有将生物安全作为特别关注的对象。在《中华人民共和国国家安全法》第二十九条中关于健全公共安全体系的部分提出"积极预防、减少和化解社会矛盾，妥善处置公共卫生、社会安全等影响国家安全和社会稳定的突发事件，促进社会和谐，维护公共安全和社会安定"。其中提及的公共卫生安全虽然是生物安全的一个重要组成部分，但是并没有将生物安全作为一个独立的指涉对象。

整体性是总体国家安全观的鲜明特征。安全问题的高风险性并不是成为一级国家安全要素的充分必要条件。例如地震灾害造成的损失往往很大，但是并没有在总体国家安全观中设置地震安全为一级要素。这是因为总体国家安全观对国家安全体系的判断是全面的、系统的，国家安全体系是由多个安全要素构成的有机整体，相互之间存在密切不可分割的联系。从国家安全体系结构出发，总体国家安全观包含了"公共安全—国家安全—世界安全"三层结构。总体国家安全观中的高位阶安全要素应当在理论的内涵与外延上符合这个结构层次；生物安全中的传染病安全问题直接对应公共安全的层次；生物技术、实验室生物安全、外来物种入侵、微生物耐药性等安全问题对应国家安全层次；生物恐怖袭击、生物武器以及跨国境大规模传播的重大传染病成为国际安全的重要话题，对应了世界安全的层次。因此，生物安全问题具备了“公共安全—国家安全—世界安全”三层结构体系。

从安全要素间的关联性视角出发，生物安全同政治安全、国土安全、军事安全、经济安全、文化安全、社会安全、科技安全、网络安全和海外安全这些高位阶安全要素相互之间有着紧密的关联性。此次新冠肺炎疫情的演化发展对我国公民健康、社会秩序、经济运行造成了巨大的负面冲击，衍生出经济安全事件、社会安全事件、科技安全事件、网络安全事件等多重非传统安全问题。疫情在全球蔓延导致了国家间摩擦冲突加剧，全球孤立主义、单边主义、民粹主义有进一步抬头的趋势，我国部分海外公民的人身安全受到威胁。许多发生疫情的国家采取了全面或部分封闭的政策，给全球经济一体化带来了极大的负面影响，部分发达国家进口需求大幅回落并开始逐步将制造业产业收回国内，这对包括我国在内的一些出口导向型国家产生了很大冲击，引发资本外流、产业链断裂等一系列连锁反应，进一步加大了对我国经济安全和社会安全的冲击。生物安全同其他一级安全要素有着显著的关联性，是国家安全体系重要的组成部分。

（三）总体国家安全观对生物安全治理的要求

总体国家安全观揭示了国家安全的整体性，将国家安全作为有机整体，维护国家安全就要统筹兼顾。总体国家安全观提出维护国家安全要统筹外部安全和内部安全、国土安全和国民安全、传统安全和非传统安全、发展问题和安全问题、自身安全和共同安全，完善国家安全制度体系，加强国家安全能力建设。因此，在生物安全体系中既要重视生物安全中的国门生物安全、物种入侵威胁等外部安全问题，又要重视传染病防治、实验室生物安全等内部安全问题；既重视动物、植物生态等国土安全问题，又重视微生物传染病等国民安全问题；既重视生物安全中的非传统安全问题，又重视生物武器等传统安全问题；既重视生物技术的发展，又重视生物技术的安全监管问题；统筹应对各类具有外溢效应的生物安全挑战，既保证自身安全又建设安全共同体。将生物安全治理实践中长期以来形成的“防患于未然”的预防思维、重大公共卫生事件运动式治理措施、公共卫生应急管理体系、现代生物技术安全治理与国际生物安全治理体系进行综合集成，完善国家生物安全的顶层战略和体系机制设计，构建全方位、多维度的国家生物安全体系。

当前我国生物安全治理尚未形成系统全面的治理体系。在日常管理中，与陆生野生动物相关的疾病溯源属于林业部门的职责，家禽家畜的传染病管理属于农业部门的职责，在重大传染病等公共卫生安全问题上各级卫生健康委员会是管理主体。这就需要按照总体国家安全观的要求在生物安全治理顶层设计中进行全面布局，运用系统工程思维充分考虑生物安全涉及的人类、动物、植物、微生物所构成的开放复杂巨系统中宏观、微观的多层次的关联体系，打破原有的生物安全治理各自为政、条块分割的局面，提高生物安全治理的系统性和全面性。

二、国家生物安全治理的实现途径

第一，从大战略视角推动国家生物安全的顶层设计。根据全球生物安全的整体态势进行战略谋划和前瞻布局，明确国家生物安全治理所要达成的战略目标，提高体系化对抗能力和水平。在生物安全顶层设计上充分考虑平时和战时结合、预防和应急结合、科研和救治防控结合，进一步系统化应对生物安全风险，完善重大突发生物安全事件应急管理体系和生物安全风险防控体系。在国家战略体系中对生物安全技术进行布局，选择生命科学、生物技术、医药卫生等重点领域和核心技术进行突破，打造生物安全领域的国之重器，完善我国生物安全技术储备。

第二，从全主体参与和全流程管理的角度完善国家生物安全治理的体制机制建设。本次新冠肺炎疫情发生初期，在物资分配、组织动员等方面缺少社会组织、企业个人的参与路径，对此，应当落实总体国家安全观提出的要求，即“坚持国家安全一切为了人民、一切依靠人民，真正夯实国家安全的群众基础”。在生物安全治理体制设计中充分考虑政府部门、社会组织、公民个人在生物安全风险预防和应对中的责任与义务，推动形成多元主体协同治理体制。以国家生物安全治理需求驱动各部门职能整合与流程再造，完善生物安全领导与组织协调机制、生物安全风险防控机制、生物安全应急管理机制、生物安全公共服务机制，避免在风险研判和预警发布等环节出现真空地带，进一步形成统筹兼顾、协调联动的体系机制，充分发挥整体大于局部的体系化能力。进一步落实生物安全法治体制建设，将现有规格层次不一的生物安全相关法律法规重新梳理整合，着力解决现有生物安全法律体系存在的立法空白、立法冲突和法律实施效能不高等问题，尽快形成一部综合性、基础性的高位阶法律，以完善生物安全法律体系，为国家生物安全治理体系提供法治保障。

第三，强化城市生物安全韧性能力。在本次新冠肺炎疫情防控，中城市特别是大型城市是疫情传播最集中、经济活动受冲击最强烈的区域，表明了城市作为生产要素高度集聚的物理空间，是生物安全风险治理的主战场。对此，应当将提升城市应对生物安全风险的韧性能力作为国家生物安全治理的主要抓手，从城市规划、风险预警、基层治理和应急管理等领域提升治理能力。在城市规划中应统筹考虑生物安全高风险设施的布局，根据本次新冠肺炎疫情处置中通过应急医疗空间换取时间的实践经验，增加城市大型体育馆、会展建筑和学生公寓等大型公共空间储备，并配置相应应急转型的资源储备。全面提升城市对生物安全的预警感知能力，加强对潜在的高危险性生物技术的持续追踪，从而强化生物安全风险识别与态势感知能力。强化社会免疫系统建设，增强街道和社区等基层单位的生物安全风险应对能力，补齐基层在卫生防疫、社区服务、医疗物资等方面的短板，发挥好其在控制传染源、切断传播途径中的作用。在生物安全风险的发生阶段强化危机应对能力，以电子决策剧场等现代决策技术体系作为支撑，基于系统动力学对生物安全事件进行仿真推演，提升科学决策能力。加强协同治理能力建设，防范生物安全向政治安全、经济安全、社会安全等多领域的扩散与演化。

第四，加强生物安全教育。将生物安全教育纳入国家安全教育体系，在国家安全课程中增加设置生物安全相关内容，开展生物安全相关知识和技能教育，培养生物安全保护意识。开展各种形式的生物安全教育活动，宣讲当前人类面临各类未知生物安全风险挑战的形势，进一步树立人与自然和谐相处是人类生存发展前提条件的思想。大力开展爱国卫生运动，改善人居环境、公共卫生设施，提高国民身体素质。通过倡导现代健康的生活方式和分餐制、公筷公勺等新型饮食文化，革除滥食野生动物等陋习，在全社会逐步形成重视个人卫生健康、爱护环境卫生和文明社会交往的新型社会文化。

第五，推动生物安全领域国际合作。本次新冠肺炎疫情再次证明，病毒没有“护照”，面对生物安全威胁任何国家都无法独善其身，人类需要携手共同面对生物安全问题。在本次新冠肺炎疫情防控过程中，我国的危机处置与安全治理能力得到世界的认可。应当以此为契机，进一步与世界各国分享应对重大突发公共卫生事件的中国经验，共享科研数据和信息，为更多受疫情影响的国家提供物资和技术支持，树立中国负责任大国的国际形象，力争在全球生物安全治理体系中发挥更大的作用，推动全世界合作应对各类非传统安全挑战。

（徐晓林，华中科技大学教授；刘帅，华中科技大学博士；毛子骏，华中科技大学教授）